Boeken van Oliver Sacks

Een been om op

Ontwaken in verl

Migrain

De man die zijn vrouw voor een hoed hield

Een antropoloog op Mars

Het eiland der kleurenblinden

De vrouw zonder lichaam

Herinneringen aan mijn chemische jeugd

Mexicaans dagboek

Sacks companion

Musicofilia

Het innerlijk oog

Oliver Sacks

Stemmen zien

Reis naar de wereld van de doven

Uit het Engels vertaald door Jos den Bekker

J.M. MEULENHOFF

De auteur dankt de volgende personen en instanties: Joseph Church voor zijn toestemming om gebruik te maken van materiaal uit zijn boek *Language and the Discovery of Reality*; Harvard University Press voor materiaal uit *Deaf in America* van Carol Padden en Tom Humphries; Stein and Day Publishers voor materiaal uit *Deafness*, copyright © 1969 by David Wright.

Eerste druk 1989, zesde druk 2010
Oorspronkelijke titel *Seeing Voices*

Met adviezen van prof. Dr. B. Th. Tervoort
Vormgeving omslag Studio Marlies Visser
Foto achterzijde omslag Elena Seibert

www.meulenhoff.nl
ISBN 978 90 290 8700 1 / NUR 770

Voor Isabelle Rapin, Bob Johnson, Bob Silvers en Kate Edgar

Inhoud

[Gebarentaal] is, in de handen van haar meesters, een prachtige en uitdrukkingsvolle taal, waarvoor in de dagelijkse omgang, en als middel om gemakkelijk en snel tot de geest van de doven door te dringen, de natuur noch de mens een aanvaardbaar alternatief heeft gevonden.

Iemand die de taal niet kent kan eenvoudig niet begrijpen wat voor mogelijkheden ze de doven geeft, hoe groot haar invloed is op het moreel en het maatschappelijk geluk van hen die het gehoor moeten ontberen, en hoe prachtig haar vermogen is om gedachten over te brengen op menselijke geesten die anders in eeuwige duisternis zouden verkeren. En al evenmin kan hij begrijpen wat gebarentaal voor de doven betekent. Zo lang er twee dove mensen op aarde zijn die in contact met elkaar komen, zo lang zal er gebarentaal zijn.

J. Schuyler Long
Hoofd van de Iowa School for the Deaf
The Sign Language (1910)

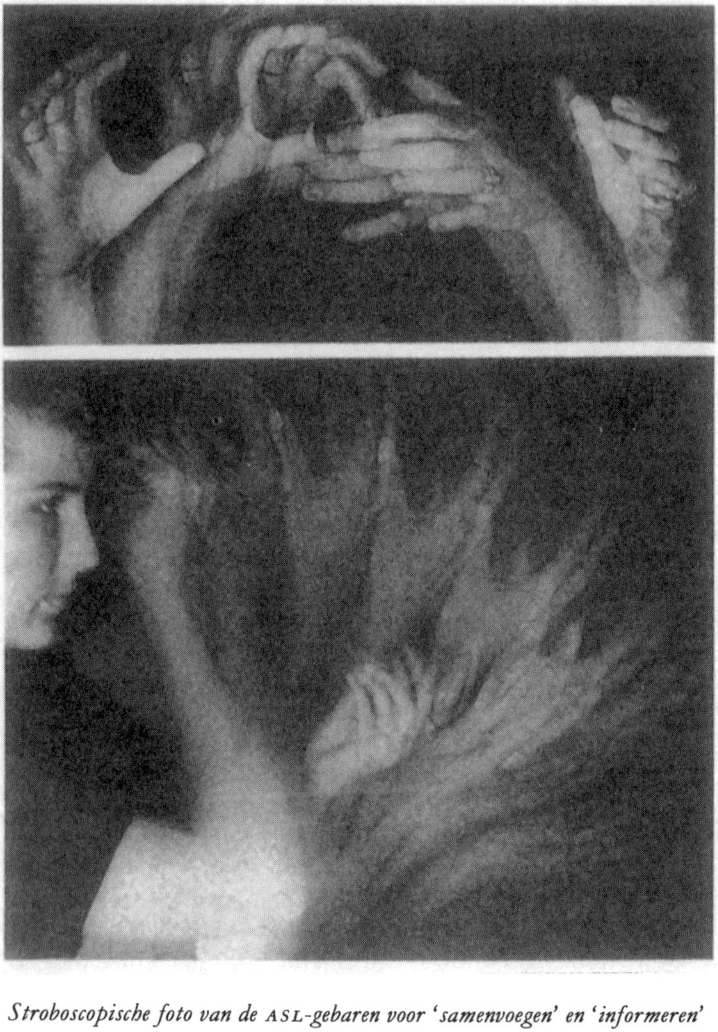

Stroboscopische foto van de ASL*-gebaren voor 'samenvoegen' en 'informeren'*

Voorwoord

DRIE JAAR GELEDEN wist ik niets van de situatie van doven en zou ik me nooit hebben kunnen voorstellen dat die licht kon werpen op zoveel andere gebieden, met name op het gebied van taal. Verbaasd nam ik kennis van de levensgeschiedenis van dove mensen en de buitengewone (taal-) moeilijkheden waarmee ze geconfronteerd worden, ik stond versteld over het bestaan van een volledige visuele taal, een gebarentaal in een heel andere modaliteit dan mijn gesproken taal.* Wij beschouwen taal, onze eigen taal, maar al te gemakkelijk als vanzelfsprekend – we hebben de ontmoeting met een andere taal, of liever een taal in een andere *modus*, nodig om versteld te staan, om weer verwonderd te worden.

Toen ik voor het eerst over doven en hun unieke taal las, kreeg ik de behoefte om op onderzoek, op ontdekkingstocht uit te gaan. Die tocht voerde me naar doven en hun familieleden, naar doveninstituten, en naar Gallaudet, de unieke dovenuniversiteit; hij voerde me naar het eiland Martha's Vineyard, waar vroeger een erfelijke vorm van doofheid voorkwam en waar iedereen (horenden zowel als doven) gebarentaal kende; hij voerde me naar steden zoals Fremont en Rochester, waar een opmerkelijk contact bestaat tussen de gemeenschap van de horenden en die van de doven; hij voerde me naar grote onderzoekers van de gebarentaal der doven en van hun situatie – briljante en toegewijde weten-

* Met de term 'gebarentaal' (*Sign*) wordt in Amerika gewoonlijk de Amerikaanse Gebarentaal (*American Sign Language* of ASL) bedoeld, maar ik gebruik hem in dit boek voor alle natuurlijke gebarentalen, ook de historische (bijvoorbeeld de Amerikaanse, de Franse, de Chinese, de Jiddische en de Oudkentse Gebarentaal). Van gesproken taal afgeleide gebarentalen vallen hier echter buiten, omdat zij louter transliteraties zijn en de structuur missen van echte gebarentalen.

schappers, die hun enthousiasme, hun besef van onontsloten en onontgonnen gebieden op mij overbrachten. Mijn ontdekkingstocht heeft mij een nieuwe zienswijze bijgebracht op taal, op het wezen van spreken en van onderwijzen, op de ontwikkeling van het kind, op de ontwikkeling en de werking van het zenuwstelsel, op de vorming van gemeenschappen, van werelden en culturen – een zienswijze die totaal nieuw voor me was, die me verrijkt heeft en die een bron van genoegen voor me betekende. Maar bovenal heeft hij me een nieuw perspectief geboden op eeuwenoude problemen, een nieuwe, onverwachte kijk op taal, op biologie, op cultuur ... het bekende is vreemd geworden en het vreemde bekend.

Ik was zowel geboeid als ontsteld door wat ik zag. Ontsteld omdat ik ontdekte dat veel doven nooit goed leren communiceren – en denken – en daardoor vaak gedoemd zijn tot een miserabel leven. Een vriendin van mij, Isabelle Rapin, had vaak gezegd dat ze doofheid beschouwt als een 'te genezen, of liever te voorkomen, vorm van achterlijkheid', en nu zag ik dit met eigen ogen.

Maar bijna tegelijkertijd werd ik bewust gemaakt van een andere dimensie, een andere beschouwingswereld, niet biologisch maar cultureel. Veel doven die ik ontmoette hadden niet alleen een goede taalbeheersing verworven, maar ook een taal geleerd van een andere orde, een taal die niet alleen het denken ondersteunde (ja zelfs een soort denken en waarnemen mogelijk maakte dat wij horenden ons moeilijk kunnen voorstellen), maar die ook als communicatiemedium diende voor een volwaardige gemeenschap en cultuur. Hoewel ik nooit de 'medische' status van de doven uit het oog verloor, werd ik nu gedwongen ze in een nieuw 'etnisch' licht te zien, als een apart volk, met een eigen taal, een eigen gevoeligheid en een eigen cultuur.*

Men denkt misschien dat de geschiedenis en de studie van doven en hun taal van uiterst beperkt belang zijn. Dat is

* Sommige doven geven dit onderscheid aan door audiologische doofheid met een kleine 'd' te schrijven, ter onderscheiding van Doofheid met een hoofdletter, die een linguïstische en culturele entiteit aanduidt.

echter naar mijn mening volstrekt niet het geval. Het is waar dat doofgeborenen slechts één promille van de bevolking uitmaken, maar hun aard en omstandigheden stellen zaken aan de orde van het allerhoogste belang. De studie van doven toont aan dat veel van wat typisch menselijk in ons is – ons vermogen tot taal, tot denken, tot communicatie – zich niet automatisch in ons ontwikkelt, niet puur biologische functies zijn, maar evengoed sociaal en historisch van oorsprong; dat het *gaven* zijn – de prachtigste van alle gaven – die van de ene generatie op de andere worden doorgegeven. We zien dat Cultuur even doorslaggevend is als Natuur.

Het bestaan van een visuele taal en van de opvallende verscherping van de perceptie en de visuele intelligentie die met de verwerving van die taal gepaard gaan, toont dat de hersenen tot meer in staat zijn dan we ooit hadden vermoed, toont de welhaast onbeperkte elasticiteit en potentie van het zenuwstelsel, het menselijk organisme, wanneer het met iets nieuws geconfronteerd wordt en zich moet aanpassen. Dit onderwerp toont ons de kwetsbaarheden, de manieren waarop we (vaak zonder het te beseffen) onszelf kwaad kunnen doen, maar het toont evenzeer onze onbekende en onverwachte krachten, de onuitputtelijke potentie om te overleven en te overwinnen, die de natuur en de cultuur ons in gelijke mate geschonken hebben. Hoewel ik dus hoop dat doven en hun familieleden, onderwijzers en vrienden dit boek belangwekkend zullen vinden, hoop ik tegelijk dat de gewone lezer het ter hand zal nemen voor een onverwachte kijk op de condition humaine.

*

Dit boek bestaat uit drie delen. Het eerste werd geschreven in 1985 en 1986, en begon als een recensie van een boek over de geschiedenis van doven: *When the Mind Hears* van Harlan Lane. Tegen de tijd dat de tekst verscheen (in de *New York Review of Books*, 27 maart 1986), had hij de omvang aangenomen van een essay en sindsdien is hij nog verder uitgebreid en herschreven. Ik heb echter een aantal formuleringen en zinswendingen waar ik het niet meer helemaal mee eens ben laten staan, omdat ik vond dat ik het origineel, met al zijn tekortkomingen, moest behouden als testimonium van de manier waarop ik in het begin tegen het onderwerp aankeek. Deel drie is geïnspireerd op de studentenrevolte aan Gallaudet University in maart 1988 en verscheen op 2 juni 1988 in de *New York Review of Books*. Ook dit deel is behoorlijk uitgebreid en herschreven. Deel twee heb ik het laatst, najaar 1988, geschreven, maar het is in sommige opzichten het hart van het boek – het biedt althans de meest systematische, maar ook de meest persoonlijke kijk op het onderwerp. Ik wil hieraan toevoegen dat ik nooit een verhaal, of een gedachtengang heb kunnen vertellen zonder talloze zijpaden in te slaan – en daarmee mijn visie altijd verrijkt heb.*

Ik ben, dat wil ik benadrukken, een buitenstaander op dit gebied – ik ben niet doof, ik ken geen gebarentaal, ik ben geen doventolk of -onderwijzer, ik ben geen deskundige in de ontwikkelingspsychologie, en ik ben historicus noch linguïst. Het onderwerp van dit boek is, zoals duidelijk zal worden, geladen (soms heftig omstreden) en verhit al eeuwen de gemoederen. Ik ben een buitenstaander, zonder enige specialistische kennis, maar ook, denk ik, zonder vooroordelen, zonder stokpaardjes, zonder rancunes in deze kwestie.

Ik zou mijn ontdekkingstocht nooit hebben kunnen maken, laat staan beschrijven, zonder de hulp en inspiratie van talloze anderen: in de allereerste plaats de doven zelf – patiënten, proefpersonen, medewerkers, vrienden – de enigen die mij een blik binnen hun eigen wereld konden bieden, alsmede de mensen die direct met hen te maken hadden: hun familieleden, hun tolken en hun leraren. In het bijzonder wil ik hier mijn dank betuigen aan Sarah Elizabeth en Sam Lewis en hun dochter Charlotte, aan Deborah Tannen van Georgetown University, de staf van de California School for the Deaf in

* De vele (en soms lange) voetnoten in dit boek moeten worden beschouwd als mentale of denkbeeldige excursies, naar believen door de lezer-reiziger te volgen.

Fremont, de Lexington School for the Deaf en vele andere scholen en instituten, waaronder vooral Gallaudet University – en dan met name: David de Lorenzo, Carol Erting, Michael Karchmer, Scott Liddell, Jane Norman, John Van Cleve, Bruce White en James Woodward, en vele anderen.

Ik ben vooral dank verschuldigd aan de onderzoekers die hun leven hebben gewijd aan de studie van doven en hun taal – met name Ursula Bellugi, Susan Schaller, Hilde Schlesinger en William Stokoe, die hun gedachten en observaties zo volledig en genereus met mij hebben gedeeld en de mijne hebben gestimuleerd. Jerome Bruner, die zo diep heeft nagedacht over de mentale ontwikkeling van dove kinderen en de ontwikkeling van hun taal, is mijn hele ontdekkingstocht lang een vriend en gids van onschatbare waarde geweest. Mijn vriend en collega Elkhonon Goldberg heeft nieuwe gedachten ontvouwd over de neurologische grondslagen van taal en denken en de speciale vormen die deze kunnen aannemen bij doven. Ik heb het speciale voorrecht gehad dit jaar Harlan Lane en Nora Ellen Groce te ontmoeten, wier boeken mij in 1986, aan het begin van mijn ontdekkingstocht, zo inspireerden, alsmede Carol Padden, wier boeken mij in 1988 sterk beïnvloedden – hun visie op de doven heeft mijn denken verruimd. Verscheidene collega's, waaronder Ursula Bellugi, Jerome Bruner, Robert Johnson, Harlan Lane, Helen Neville, Isabelle Rapin, Israel Rosenfield, Hilde Schlesinger en William Stokoe, hebben het manuscript van dit boek in de verschillende fasen van ontwikkeling gelezen en hun commentaar, hun kritiek en hun steun geleverd, waarvoor ik hen bijzonder dankbaar ben. Aan hen allen en vele anderen heb ik verhelderende inzichten te danken (hoewel mijn meningen – en fouten – geheel voor mijn rekening blijven).

In maart 1986 reageerde Stan Holwitz van de University of California Press onmiddellijk op mijn eerste essay en spoorde en moedigde mij aan het uit te breiden tot een boek. Hij is gedurende de drie jaar dat ik bezig was het te schrijven voor mij een geduldige steun en stimulans geweest. Paula Cizmar heeft verschillende voorlopige versies van het boek doorgelezen en veel waardevolle suggesties gedaan. Shirley Warren heeft het manuscript door de produktie geloodst en geduldig het groeiende aantal voetnoten en te elfder ure gemaakte wijzigingen doorstaan.

Ik ben dank verschuldigd aan mijn nicht, Elizabeth Sacks-Chase, die de titel bedacht – hij is afgeleid van de woorden die Pyramus spreekt tot Thisbe: 'Ik zie een stem ...'

Na het voltooien van dit boek ben ik begonnen met wat ik misschien eerst had moeten doen: ik ben ASL gaan leren. Mijn dank gaat uit naar mijn lerares, Janice Rimler, van de New York Society for the Deaf, en naar mijn mentoren, Amy en Mark Trugman, die zo dapper hebben geworsteld met een moeilijke, late beginner – en die me ervan hebben overtuigd dat het nooit te laat is om het te leren.

Tot slot wil ik mijn grootste erkentelijkheid betuigen aan vier mensen – twee collega's en twee redacteuren – die een sleutelrol hebben gespeeld in de totstandkoming van dit werk. De eerste is Bob Silvers, redacteur van de *New York Review of Books*, die mij het boek van Harlan Lane stuurde en zei: 'Je hebt nog nooit echt over taal nagedacht; dit boek dwingt je' – en dat deed het inderdaad. Bob Silvers heeft een zesde zintuig voor onderwerpen waarover de mensen nog niet hebben nagedacht, maar waarover ze wel zouden hebben moeten nadenken, en met zijn speciale verloskundige gaven weet hij de nog ongeboren ideeën uit hen los te weken.

De tweede is Isabelle Rapin, die al twintig jaar mijn naaste vriendin en collega is aan het Albert Einstein College of Medicine en die zelf met doven heeft gewerkt en zich al vijfentwintig jaar met het onderwerp bezighoudt. Isabelle bracht mij in contact met dove patiënten, ze nam me mee naar doveninstituten, ze deelde haar ervaringen met dove kinderen met mij en hielp mij het probleem begrijpen zoals ik het uit mijzelf nooit had gekund. (Zij heeft zelf een uitgebreid besprekingsartikel geschreven [Rapin, 1986], voornamelijk gebaseerd op *When the Mind Hears*.)

Ik ontmoette Bob Johnson, hoofd van de vakgroep linguïstiek van Gallaudet University, tijdens mijn eerste bezoek aldaar in 1986; hij heeft me binnengeleid in de wereld van ASL en van de doven – een taal, een cultuur die buitenstaanders nauwelijks kunnen binnendringen of die ze zich nauwelijks kunnen voorstellen. Isabelle Rapin en Bob Silvers hebben mij aangezet tot deze ontdekkingstocht, maar Bob Johnson was de gids en begeleider op mijn weg.

Kate Edgar, ten slotte, heeft een unieke rol vervuld als medewerkster, vriendin, redactrice en organisatrice: ze spoorde mij steeds aan verder te denken en te schrijven, om alle aspecten te belichten, maar tegelijk de hoofdzaak niet uit het oog te verliezen.

Aan deze vier mensen draag ik dit boek op.

New York O.W. Sacks
Maart 1989

BIJ DE NEDERLANDSE VERTALING

Ik heb twee voetnoten toegevoegd aan deze Nederlandse vertaling (zie pp. 94 (†) en 165).

New York O.W. Sacks
Mei 1989

Een

WE WETEN OPMERKELIJK weinig van doofheid, een aandoening die dr Johnson 'een van de ergste rampen die een mens kan overkomen' heeft genoemd – we weten er veel minder van dan een ontwikkeld mens aan het eind van de negentiende of achttiende eeuw. We weten er weinig van en het laat ons koud. De afgelopen maanden heb ik het onderwerp bij verscheidene mensen ter sprake gebracht, en bijna altijd was de reactie: 'Doofheid? Ik ken geen dove mensen. Nooit over nagedacht. Er valt niets *interessants* over te zeggen, wel?' Tot voor een paar maanden zou ik ook zo gereageerd hebben.

De dingen veranderden voor mij toen ik een dik boek van Harlan Lane kreeg toegestuurd, *When the Mind Hears: A History of the Deaf*. Ik sloeg het ongeïnteresseerd open, maar al gauw raakte ik hevig geboeid, ik kon nauwelijks geloven wat ik las. Ik praatte erover met mijn vriendin en collega dr Isabelle Rapin, die vijfentwintig jaar met doven heeft gewerkt. Ik leerde een vrouwelijke collega, die vanaf haar geboorte doof was, beter kennen: een zeer begaafde vrouw die ik voor die tijd nauwelijks had opgemerkt.* Ik begon de

* Deze collega, Lucy K., kan zo goed spreken en liplezen, dat ik eerst niet in de gaten had dat ze doof was. Pas toen ik een keer toevallig een andere kant opkeek terwijl ik met haar praatte en zo zonder het te willen onmiddellijk de communicatie verbrak, realiseerde ik me dat ze me niet kon horen, maar de woorden van mijn lippen las ('liplezen', of 'spraakafzien' zoals de officiële term luidt, is een hoogst inadequate term voor het ingewikkelde complex van observatie, inferentie en briljant giswerk dat plaatsvindt). Toen op éénjarige leeftijd doofheid bij haar werd geconstateerd, gaven haar ouders onmiddellijk de vurige wens te kennen dat Lucy zou leren praten en deelnemen aan de wereld der horenden, en haar moeder besteedde elke dag uren aan een intensief privé-taalonderwijs – een slopende bezigheid die twaalf jaar duurde. Pas daarna (toen ze veertien was) leerde Lucy gebaren-

dove patiënten onder mijn hoede voor het eerst als zodanig te zien of te onderzoeken.* Al snel na het boek van Harlan Lane las ik *The Deaf Experience*, een verzameling herinneringen door en over de eerste dove academici (onder redactie van Harlan Lane). Vervolgens las ik *Everyone Here Spoke Sign Language* van Nora Ellen Groce, en nog vele andere boeken. Nu heb ik een hele plank vol boeken over een onderwerp waarvan ik een half jaar geleden het bestaan niet eens vermoedde, en ik heb er een aantal opmerkelijke films over gezien.†

Bij wijze van inleiding wil ik hier nog één blijk van erkentelijkheid geven. In 1969 gaf W.H. Auden me een exemplaar, zijn eigen exemplaar, van *Deafness*, een opmerkelijke autobiografie van de Zuidafrikaanse dichter en romanschrijver David Wright, die op zevenjarige leeftijd doof was geworden: 'Je zult het fascinerend vinden,' zei hij. 'Het is een

taal. Die is echter altijd een tweede taal voor haar gebleven, een die haar niet 'natuurlijk' afgaat. Ze volgde (met haar uitstekende lipleesvaardigheid en krachtige gehoorapparaten) de 'normale' High School en het VWO voor horenden, en nu werkt ze in ons ziekenhuis met horende patiënten. Zelf heeft ze gemengde gevoelens over haar status: 'Ik heb soms het gevoel,' zei ze eens, 'dat ik tussen twee werelden leef, dat ik in geen van beide thuishoor.'

* Voordat ik het boek van Harlan Lane las, zag ik de weinige dove patiënten onder mijn hoede uitsluitend in medische termen – als 'zieke oren' of 'otologisch gestoord'. Nadat ik het boek gelezen had, begon ik ze in een ander licht te zien, vooral als ik ze weleens met zijn drieën of vieren tegen elkaar zag gebaren, met een intensiteit en levendigheid die ik voor die tijd niet had opgemerkt. Pas toen begon ik over ze te denken niet als doven, maar als Doven, als leden van een andere taalgemeenschap.

† Er zijn in Engeland op zijn minst een stuk of zes grote documentaires vertoond na het programma *Voices from Silent Hands* (*Horizon*, 1980). In de Verenigde Staten is een groot aantal programma's vertoond (met name een paar uitstekende van Gallaudet University, zoals *Hands Full of Words*) – het recentste en belangrijkste van deze is de lange vierdelige documentaire *Deaf and Blind* van Frederick Wiseman, die in 1988 op de televisie werd vertoond. Er verschijnt ook een toenemend aantal fictieve dove personages op de televisie. In een aflevering van *Star Trek* van januari 1989, getiteld *Louder than a Whisper* ('Luider dan een Gefluister'), verscheen bijvoorbeeld de dove acteur Howie Seago, die een in gebarentaal sprekende ambassadeur van een andere planeet verbeeldde.

prachtig boek.' Het stond vol met aantekeningen van hemzelf (hoewel ik niet weet of hij het ooit gerecenseerd heeft). Ik bladerde het wat door destijds, in 1969, zonder er veel aandacht aan te schenken. Maar nu zou ik het voor mezelf gaan herontdekken. David Wright is een auteur die schrijft vanuit de diepte van zijn eigen ervaring – en niet zoals een historicus of een geleerde dat doet over een onderwerp. Bovendien is hij ons niet vreemd. We kunnen ons gemakkelijk min of meer voorstellen hoe het is om te zijn zoals hij (terwijl we ons niet kunnen voorstellen hoe het is om doofgeboren te zijn, zoals Laurent Clerc, de beroemde dovenleraar die zelf ook doof was). Hij vervult een brugfunctie voor ons: via zijn eigen ervaring leidt hij ons binnen in het rijk van het onvoorstelbare. Aangezien Wright gemakkelijker te lezen is dan de bekende doofstommen van de achttiende eeuw, kun je het beste met hem beginnen – want hij bereidt je op hen voor. Aan het eind van zijn boek schrijft hij:

> Er is weinig over doofheid geschreven door de doven zelf.* Maar dan nog, in aanmerking genomen dat ik pas doof werd *nadat* ik taal had geleerd, ben ik in geen betere positie dan een horende om te weten wat het is om in een geluidloze wereld geboren te worden en de jaren des onderscheids te bereiken zonder een voertuig voor het denken en de communicatie te hebben ontwikkeld. Alleen al dat geprobeerd te hebben geeft gewicht aan het indrukwekkende begin van het Evangelie van Johannes: In den beginne was het Woord. Hoe moet je concepten formuleren in zo'n toestand?[1]

* Dat was inderdaad het geval toen Wright in 1969 zijn boek publiceerde. Sindsdien is er een stroom publikaties verschenen over doofheid, geschreven door doven, waarvan de meest opmerkelijke is: *Deaf in America: Voices from a Culture*, van de dove linguïsten Carol Padden en Tom Humphries. Er zijn ook romans door doven over doven geschreven, bijvoorbeeld *Islay* van Douglas Bullard, die een poging doet de kenmerkende waarnemingen, de bewustzijnsstroom, de innerlijke spraak van degenen die gebarentaal gebruiken te beschrijven. Zie voor andere boeken van dove schrijvers de fascinerende bibliografie in *Deafness* van David Wright.

Dit – de relatie tussen taal en denken – is de diepste kern van wat degenen treft die doof geboren worden of op jonge leeftijd doof worden.

De term 'doof' is vaag, of liever gezegd zo algemeen dat hij voorbij gaat aan de enorm verschillende gradaties van doofheid, gradaties die van kwalitatieve en zelfs 'existentiële' betekenis zijn. Er zijn de zogenaamde 'slechthorenden', vijftien miljoen ongeveer in de Verenigde Staten, die met behulp van gehoorapparaten en enig geduld en aandacht van de mensen die tegen hen praten, nog iets kunnen verstaan van wat er tegen hen gezegd wordt. Velen van ons hebben ouders of grootouders in die categorie – een eeuw geleden zouden ze spreektrompetten gebruikt hebben; tegenwoordig gebruiken ze gehoorapparaten.

Dan zijn er de 'ernstig gehoorgestoorden', vaak slachtoffers van een ziekte of letsel op jonge leeftijd; maar evenals de slechthorenden kunnen zij nog een klein beetje spraak verstaan, vooral met behulp van de moderne, uiterst verfijnde, micro-elektronische en 'gepersonaliseerde' gehoorapparaten die op de markt zijn. Vervolgens komen de 'totaal doven' – ook wel 'stokdoven' genoemd – die geen enkele hoop hebben ook maar iets te horen, wat voor technologische doorbraken er ook gemaakt worden. Totaal doven kunnen niet op een gewone manier converseren – ze moeten liplezen (zoals David Wright deed) of gebarentaal gebruiken, of beide.

Het is niet alleen de mate van doofheid die telt, maar ook – en dat is van doorslaggevend belang – de leeftijd waarop, of het ontwikkelingsstadium waarin de doofheid begint. David Wright merkt in de hiervoor geciteerde passage al op dat hij doof werd nadat hij had leren praten, en dat hij zich daarom niet kan voorstellen wat het is om doof te zijn of te worden vóór het stadium van taalverwerving. In een andere passage brengt hij dit tot uitdrukking:

> Het tijdstip waarop ik doof werd – als doof zijn dan toch mijn lot was – viel opmerkelijk gelukkig uit. Op

zevenjarige leeftijd heeft een kind de principes van taal al onder de knie, zoals ook met mij het geval was. Een ander voordeel was dat ik op natuurlijke wijze had leren praten – uitspraak, syntaxis, verbuiging, idioom, alles had ik op het gehoor geleerd. Ik had een basiswoordenschat die ik gemakkelijk met lezen kon uitbreiden. *Dit alles zou ik hebben moeten missen als ik doof geboren was of op jongere leeftijd doof geworden.*[2] [Mijn cursivering]

Wright spreekt van 'fantoomstemmen' die hij hoort als iemand tegen hem praat, mits hij de bewegingen van de mond en het gezicht kan *zien*, en hoe hij de wind kan 'horen' suizen als hij de boomkruinen ziet bewegen. Hij geeft een fascinerende beschrijving van de eerste keer dat dit gebeurde – van het *onmiddellijke* optreden van dit verschijnsel toen hij doof werd:[3]

> [Mijn doofheid] was voor mij moeilijk merkbaar, omdat ik vanaf het allereerste begin onbewust bewegingen in geluid ging vertalen. Mijn moeder bracht het grootste deel van de dag met mij door en ik begreep alles wat zij zei. Waarom ook niet? Zonder het te weten had ik mijn hele leven lang haar lippen gelezen. Als ze sprak, leek ik haar stem te horen. Het was een illusie die ook bleef bestaan toen ik al lang wist dat het een illusie was. Mijn vader, mijn neef, alle mensen die ik had gekend, behielden hun fantoomstemmen. Pas toen ik uit het ziekenhuis kwam besefte ik dat ze denkbeeldig waren, projecties van het geheugen en de gewoonte. Op een dag sprak ik met mijn neef, en op een moment dat hem iets inviel sloeg hij onder het praten zijn hand voor zijn mond. Stilte! Ik begreep voor eens en voor altijd dat ik wat ik niet kon zien, ook niet kon horen.*

* Er is natuurlijk een 'consensus' van de zintuigen – voorwerpen worden tegelijkertijd gehoord, gezien, gevoeld, geroken – klank, beeld, geur, gevoel, alles valt samen. Deze correspondentie wordt teweeggebracht door de ervaring en door associatie. Normaliter zijn we ons daarvan niet bewust –

Hoewel Wright weet dat de 'geluiden' die hij hoort 'illusies' zijn – 'projecties van het geheugen en de gewoonte' – blijven ze gedurende de tientallen jaren van zijn doofheid uiterst levendig. Voor mensen als Wright, die doof worden nadat het gehoor volledig is ontwikkeld, kan de wereld vol geluiden blijven, ook al zijn het 'fantoom'geluiden.*

Het is een totaal andere kwestie, een die wezenlijk onvoorstelbaar is voor normale mensen (en zelfs voor de postlinguaal doven, zoals David Wright), als het gehoor bij de geboorte ontbreekt, of vóór de taalverwerving verloren gaat. Dit soort mensen – de prelinguaal doven – vallen in een kwalitatief andere categorie. Voor die mensen, die nooit

hoewel we erg van ons stuk zouden zijn als iets niet klonk zoals het eruitzag, als een van onze zintuigen een tegenstrijdige indruk zou geven. We kunnen echter, plotseling en verrassend, van die correspondentie tussen de zintuigen bewust worden *gemaakt*, als we er plotseling een kwijtraken, of er een bij krijgen. Zo 'hoorde' David Wright mensen praten toen hij doof werd, zo 'rook' een anosmische patiënt (anosmie: ontbreken van de reukzin) van mij bloemen zodra hij ze zag, en zo kon een patiënt, beschreven door Richard Gregory (in 'Recovery from early blindness: a case study', herdrukt in Gregory, 1974), onmiddellijk klokkijken toen hij na een oogoperatie kon zien (hij was van zijn geboorte af blind): daarvóór had hij altijd de wijzerplaat van zijn blindenhorloge moeten voelen, maar nu hij zien kon, was hij onmiddellijk in staat een 'transmodale' kennisoverdracht uit te voeren van het tactiele naar het visuele.

* Dit horen (dat wil zeggen: verbeelden) van 'fantoomstemmen' bij het liplezen is zeer kenmerkend voor de *postlinguaal* doven, voor wie spraak (en 'innerlijke spraak') eens een auditieve ervaring was. Dit is geen 'verbeelden' in de gewone zin, maar veeleer een onmiddellijke en automatische 'vertaling' van de visuele ervaring in een auditief correlaat (gebaseerd op ervaring en associatie) – een vertaling die waarschijnlijk een neurologische basis heeft (van door de ervaring tot stand gebrachte visueel-auditief neurale verbindingen). Dit gebeurt natuurlijk niet bij de *prelinguaal* doven, die geen auditieve ervaring of beeldmateriaal hebben om op terug te grijpen. Voor hen is liplezen – en ook gewoon lezen – een volledig visuele ervaring; zij zien de stem, maar zij horen haar niet. Het is voor ons, spreker-hoorders, moeilijk ons zo'n 'stem' zelfs maar voor te stellen, net zoals het voor de doofgeborenen moeilijk is zich een klinkende stem voor te stellen.

De doofgeborenen, moeten we eraan toevoegen, kunnen een zeer rijke beleving hebben van het Engels, van Shakespeare, ook al 'spreekt' het hen niet op een auditieve manier 'aan'. Het spreekt hen, veronderstellen we, op een puur visuele manier aan – ze horen de 'stem' van de woorden niet, ze *zien* haar.

hebben kunnen horen, die geen auditieve herinneringen, beelden of associaties hebben, kan er nooit een illusie van geluid bestaan. Zij leven in een wereld van totale, ononderbroken geluidloosheid en stilte.* Van hen, de doofgeborenen, zijn er in de Verenigde Staten waarschijnlijk zo'n kwart miljoen, en ze beslaan een duizendste van alle kinderen in de wereld.

Met hen en met hen alleen zullen wij ons hier bezighouden, want hun toestand, hun lot is uniek. Waarom is dit zo? De mensen hebben de neiging om doofheid – als ze er al over nadenken – te beschouwen als iets dat minder erg is dan blindheid, ze zien het als een gebrek, iets hinderlijks, een handicap, maar nauwelijks als iets verwoestends.

Of doofheid te 'verkiezen' is boven blindheid, indien op latere leeftijd verkregen, is een kwestie van persoonlijke smaak; maar doof geboren worden is oneindig veel erger dan blind geboren worden – althans dat kan het zijn. Want de

* Dat is de stereotiepe zienswijze, en die is niet helemaal juist. De doofgeborenen ervaren geen 'stilte' en daar klagen ze ook niet over, net zo min als blinden 'duisternis' ervaren of erover klagen. Dat zijn onze projecties, of metaforen, voor hun toestand. Bovendien kunnen ook de zwaarst gehoorgestoorden soms allerlei geluiden horen en zijn ze vaak uiterst gevoelig voor allerlei soorten trillingen. Deze gevoeligheid voor trillingen kan een soort extra zintuig worden: Lucy K. bijvoorbeeld, is stokdoof, maar ze kan gemakkelijk een akkoord als een 'kwint' herkennen als ze haar hand op de piano legt, en ze kan stemmen herkennen als het geluid van de telefoon zwaar versterkt wordt; in beide gevallen lijkt ze trillingen, geen geluiden waar te nemen. De ontwikkeling van trillingsperceptie als een extra zintuig is in zekere zin analoog aan de ontwikkeling van het zogenaamde 'aangezichtszien' (waarbij het gezicht fungeert als een soort sonarontvanger) bij blinden.

Horenden nemen over het algemeen óf trillingen óf geluid waar: zo kan een zeer lage C (nog onder de laagste toon op de piano) gehoord worden als een lage C, óf als een toonloos gekraak van zestien trillingen per seconden. Een octaaf daaronder horen we alleen gekraak, en een octaaf hoger (tweeendertig trillingen per seconde) horen we een lage noot zonder de afzonderlijke trillingen. De 'toon'sensatie binnen het menselijk gehoorspectrum is een soort synthetisch oordeel of constructie van het gehoor (zie Helmholtz, *Die Lehre von den Tonempfindungen*, 1863). Als dit niet mogelijk is, zoals bij de totaal doven, dan kan het trillingsgevoel zich kennelijk tot in de hogere frequenties uitbreiden, tot in de gebieden die door horenden als tonen worden ervaren – tot in het middengebied van muziek en spraak.

prelinguaal doven zijn niet in staat hun ouders te horen, en lopen zo kans ernstig achterop te raken, zo niet permanent gestoord te worden, in hun taalontwikkeling, tenzij in een vroeg stadium effectieve maatregelen worden genomen. En een onvolkomen taalbeheersing is voor een menselijk wezen een van de ergste rampen die hem kan overkomen, want alleen door middel van de taal kunnen we volledig deelnemen aan het mens-zijn en aan de cultuur, kunnen we vrij met onze medemensen communiceren en informatie uitwisselen en tot ons nemen. Als we dat niet kunnen, zijn we op een groteske manier gehandicapt en van de wereld afgesneden – wat onze verlangens, of inspanningen, of aangeboren capaciteiten ook mogen zijn. Ja, dan zijn we misschien zo weinig in staat onze intellectuele vermogens te realiseren, dat we geestelijk gestoord lijken.*

Het is om die reden dat doofgeborenen, of 'doofstommen', duizenden jaren lang als 'stom' werden beschouwd, en dat ze vóór de Verlichting wettelijk 'onbevoegd' waren – om eigendommen te erven, te trouwen, onderwijs te ontvangen, verantwoordelijk werk te doen – en dat hun fundamentele mensenrechten werden onthouden. In die situatie kwam pas verbetering in het midden van de achttiende eeuw, toen

* Isabelle Rapin beschouwt doofheid als een behandelbare, of liever te voorkomen, vorm van achterlijkheid (zie Rapin, 1979).

Er zijn fascinerende verschillen in stijl, in benadering van de wereld, tussen doven en blinden (en normale mensen). Blinde kinderen hebben vooral de neiging 'hyperverbaal' te worden, om uitgebreide beschrijvingen te gebruiken in plaats van beelden, in een poging het visuele door het verbale te ontkennen of te vervangen. Hierdoor ontstaat volgens de psychoanalytica Dorothy Burlingham al gauw een soort van pseudo-visuele 'valse persoonlijkheid', de pretentie dat het kind ziet, terwijl dat niet het geval is (Burlingham, 1972). Zij vond het van cruciaal belang om blinde kinderen te zien als wezens met een totaal verschillend profiel en een verschillende 'stijl' – die een verschillende opvoeding en een verschillende taal vereisen -, om ze niet als gehandicapt te zien, maar als anders en verschillend op een gelijkwaardig niveau. Dat was in de jaren dertig, toen haar eerste studies verschenen, een revolutionair gezichtspunt. Je zou willen dat er vergelijkbare psychoanalytische studies van doofgeboren kinderen bestonden – maar daarvoor zou een psychoanalyticus nodig zijn die zelf zo niet doof dan toch zeer bedreven is in gebarentaal, bij voorkeur iemand die deze taal van jongs af geleerd heeft.

(waarschijnlijk als algemeen gevolg van de Verlichting, of misschien als speciale ingeving of daad van medeleven) het beeld dat men van de doven had en hun situatie radicaal veranderde.

De *philosophes* van die tijd waren duidelijk geboeid door de buitengewone implicaties en problemen van kennelijk taalloze menselijke wezens. Het *enfant sauvage* van Aveyron* werd, toen het in 1800 naar Parijs kwam, dan ook onmiddellijk toegelaten tot het *Institution Nationale des Sourds-Muets*, dat in die tijd geleid werd door Abbé Roch-Ambroise Sicard, een van de oprichters van de *Société des Observateurs de l'Homme* en een vooraanstaande autoriteit op het gebied van het dovenonderwijs. Zoals Jonathan Miller schrijft:

> Voor de leden van dit genootschap was het *enfant sauvage* van Aveyron een ideale mogelijkheid om de grondslag van de menselijke natuur te bestuderen [...] Door zo'n wezen te bestuderen, net zoals ze eerder wilde volkeren en apen, roodhuiden en oran-oetangs hadden bestudeerd, hoopten de intellectuelen van de laat-achttiende eeuw het wezenlijke van de mens te kunnen achterhalen. Misschien dat het nu mogelijk was het belang te wegen van de natuurlijke eigenschappen van de menselijke soort en voor eens en voor altijd te beslissen wat de rol van de maatschappij was in de ontwikkeling van taal, intelligentie en moraal.[4]

* Victor, het *enfant sauvage*, werd voor het eerst in 1799 in de bossen van Aveyron gesignaleerd. Hij liep op handen en voeten, at eikels en leefde als een dier. Toen hij in 1800 naar Parijs werd gebracht, wekte hij een enorme filosofische en pedagogische belangstelling: Hoe dacht hij? Zou hij onderwijs kunnen volgen? De arts Jean-Marc-Gaspard Itard, ook bekend om zijn kennis (en gebrek aan kennis) van doven, nam de jongen in huis en probeerde hem te leren spreken en te onderwijzen. Zijn eerste monografie werd in 1801 gepubliceerd, gevolgd door vele andere (zie Itard, 1801). Harlan Lane heeft ook een boek aan Victor gewijd, waarin hij onder andere filosofeert over het contrast tussen deze *enfants sauvages* en doofgeboren kinderen (Lane, 1976).

De achttiende-eeuwse romantici, van wie Rousseau de meest vooraanstaande is, waren geneigd alle ongelijkheid, alle ellende, alle schuld, alle

Hier liepen de twee doelstellingen natuurlijk uiteen, de ene eindigde in triomf, de andere in volledige mislukking. Het *enfant sauvage* van Aveyron leerde geen taal, om wat voor reden of redenen dan ook. Een weinig onderzochte mogelijkheid is dat hij vreemd genoeg nooit aan gebarentaal werd blootgesteld, maar dat men steeds (en tevergeefs) probeerde hem te leren praten. Als echter de 'doofstommen' op een juiste manier werden benaderd, dat wil zeggen door middel van gebarentaal, dan bleken ze heel goed te kunnen leren en toonden ze de verbaasde wereld al gauw hoe volledig ze aan de cultuur en het leven konden deelnemen. Dit geweldige feit – een verachte of verwaarloosde minderheid, die tot dan toe nauwelijks als menselijk werd beschouwd, verscheen plotseling en verrassend op het wereldtoneel (hoewel later, in de daarop volgende eeuw, die gebeurtenis weer tragisch werd ondermijnd) – vormt het eerste chapiter in de geschiedenis van de doven.

*

Maar laten we, voordat we aan deze geschiedenis beginnen, eerst eens teruggaan naar de volledig persoonlijke en 'argeloze' observaties van David Wright ('argeloos' omdat, zoals hij zelf benadrukt, hij expres niets over het onderwerp las voordat zijn eigen boek klaar was). Op achtjarige leeftijd, toen het

beperkingen te wijten aan de beschaving en te denken dat onschuld en vrijheid alleen in de natuur voorkwamen: *L'homme est né libre, et partout il est dans les fers* ('De mens wordt vrij geboren, en overal is hij in ketenen'). De verschrikkelijke realiteit van Victor werkte corrigerend op deze opvatting en deed beseffen dat, zoals Clifford Geertz het uitdrukte: '*er niet zoiets bestaat als een menselijke natuur onafhankelijk van cultuur. De mens zonder cultuur zou niet [...] de nobele wilde van het naïeve verlichtingsdenken zijn [...] Hij zou een onhandelbaar monster zijn met weinig nuttige instincten, nog minder herkenbare gevoelens en zonder verstand: een geestelijk invalide [...] Daar ons centraal zenuwstelsel – en dan met name de roemrijke en verderfelijke kroon daarop, de hersenschors – zich grotendeels heeft ontwikkeld in wisselwerking met cultuur, is het niet in staat ons gedrag te sturen of onze ervaringen te ordenen zonder behulp van een systeem van betekenisvolle symbolen [...] Wij zijn, kortom, onvoltooide of onafgewerkte dieren, die onszelf door middel van cultuur voltooien en afwerken.*' (Geertz, 1973, p.49)

duidelijk werd dat zijn doofheid ongeneeslijk was en dat zonder speciale maatregelen zijn spreekvaardigheid achteruit zou gaan, werd hij naar een speciale school in Engeland gestuurd, een van die instituten die meedogenloos en rigoureus vasthielden aan de misvatting van het 'orale' principe, dat inhoudt dat de doven vóór alles moeten leren spreken zoals andere kinderen, en dat vanaf zijn eerste toepassing zo veel schade heeft toegebracht aan de prelinguaal doven. De jonge David Wright werd totaal uit het veld geslagen door zijn eerste ontmoeting met prelinguaal doven:

> Soms volgde ik lessen met Vanessa. Zij was het eerste dove kind dat ik ontmoette [...] Maar zelfs voor een achtjarige als ik leek haar algemene ontwikkeling zeer beperkt. Ik herinner me dat we samen op de aardrijkskundeles zaten en juffrouw Neville vroeg: 'Wie is de koning van Engeland?'
>
> Vanessa wist het niet; in paniek probeerde ze vanuit haar ooghoeken te spieken in het aardrijkskundeboek dat open lag bij het hoofdstuk over Groot-Brittannië dat we hadden moeten voorbereiden.
>
> 'Koning – koning,' begon Vanessa.
>
> 'Ga door,' commandeerde juffrouw Neville.
>
> 'Ik weet het wel,' zei ik.
>
> 'Hou jij je mond.'
>
> 'Verenigd Koninkrijk,' zei Vanessa.
>
> Ik lachte.
>
> 'Dat is erg dom,' zei juffrouw Neville. 'Hoe kan een koning nou "Verenigd Koninkrijk" heten?'
>
> 'Koning Verenigd Koninkrijk,' probeerde de arme Vanessa nog eens, blozend tot achter haar oren.
>
> 'Zeg jij het dan maar, [David].'
>
> 'Koning George de Vijfde,' zei ik trots.
>
> 'Dat is niet eerlijk! Dat stond niet in het boek!'
>
> Vanessa had natuurlijk volkomen gelijk: in het hoofdstuk over de aardrijkskunde van Groot-Brittannië stond niets over het staatstelsel. Ze was allesbehalve dom, maar omdat ze doof geboren was, had ze lang-

zaam en met veel moeite een kleine woordenschat opgebouwd die nog onvoldoende was om haar in staat te stellen voor haar plezier te lezen. Als gevolg daarvan had ze vrijwel niet de gelegenheid die stukjes en beetjes schijnbaar zinloze informatie op te pikken die andere kinderen onbewust uit gesprekken opvangen, of uit wat ze links en rechts lezen. Bijna alles wat ze wist had ze (gedwongen) moeten leren. En dat is een fundamenteel verschil tussen horende en doofgeboren kinderen – of dat was het, in dat pre-elektronische tijdperk.[5]

Vanessa's situatie was duidelijk ernstig, in weerwil van haar natuurlijke capaciteiten, en werd slechts met moeite verbeterd – zo ze niet bestendigd werd – door het soort onderwijs en communicatie dat haar opgedrongen werd. Want in die als progressief beschouwde school heerste een bijna krankzinnig rigoureus, fatsoensrakkerig verbod op gebarentaal – niet alleen op de standaard *British Sign Language*, maar ook op het primitieve gebarendialect dat de dove kinderen onder elkaar gebruikten en dat ze zelf ontwikkeld hadden. En toch – dat beschrijft Wright ook heel goed – bloeide de gebarentaal op de school, ze was niet uit te roeien, ondanks het verbod en de straffen die op het gebruik ervan stonden. Hier volgt David Wrights impressie van deze jongens toen hij ze voor het eerst zag:

> Het oog weet van verwarring niet waar het kijken moet, armen malen door de lucht als molenwieken in een orkaan [...] het nadrukkelijk stille vocabulair van het lichaam – blik, uitdrukking, houding, oogopslag; handen voeren hun pantomime uit. Een absoluut overweldigend pandemonium [...] Ik begin uit te pluizen wat er gaande is. De schijnbaar uitzinnige bewegingen van handen en armen lossen op in een conventie, een code die voorlopig nog niets mededeelt. Het is in feite een soort dialect. De school heeft zijn eigen taal of dialect ontwikkeld, alleen geen verbale [...] Alle commu-

> nicatie werd geacht oraal te zijn. Ons eigen gebarendialect was natuurlijk verboden [...] Maar als niemand van de staf aanwezig was, kon dat verbod niet worden gehandhaafd. Wat ik hier heb beschreven is niet hoe wij spraken, maar hoe we onder elkaar spraken als er geen andere mensen bij waren. Op zulke moment waren ons gedrag en onze conversatie totaal anders. Onze remmingen kwamen los, onze maskers vielen af.[6]

Zo was het op de Northampton School in de Engelse Midlands toen David Wright daar in 1927 als leerling kwam. Voor hem, als postlinguale dove met een behoorlijke taalbeheersing, was de school zonder meer uitstekend. Voor Vanessa, en voor andere prelinguaal dove kinderen, was zo'n school, met zijn meedogenloze orale benadering, nagenoeg een ramp. Een eeuw daarvoor echter, in het American Asylum for the Deaf in Hartford, Connecticut, dat tien jaar eerder dan de Engelse school in Northampton was opgericht en waar zowel de leerlingen als de onderwijzers gebarentaal gebruikten, zou Vanessa niet zo jammerlijk gehandicapt zijn geweest: dan was ze misschien een geletterde, of zelfs literaire jonge vrouw geworden, zoals er meer in de jaren dertig van de vorige eeuw naar voren kwamen en boeken schreven.

*

De situatie van de prelinguaal doven was vóór 1750 inderdaad rampzalig: ze konden geen taal leren en waren derhalve 'stom', ze konden niet communiceren met hun eigen ouders en familieleden – buiten wat primitieve tekens en gebaren – ze waren, met uitzondering van hen die in de grote steden woonden, afgesneden van contact met hun soortgenoten, ze konden niet lezen en kregen geen onderwijs en hadden dus geen toegang tot de kennis van de wereld, ze waren gedwongen tot het meest minderwaardige werk, ze leefden alleen, vaak in uiterst armoedige omstandigheden, ze werden door de wet en door de maatschappij als weinig meer dan imbecielen beschouwd – het lot van de doven was werkelijk verschrikkelijk.*

Maar het gebrek aan de buitenkant was nog niets vergeleken met het innerlijk gebrek – het gebrek aan kennis en denken dat prelinguale doofheid met zich mee kon brengen bij afwezigheid van enige vorm van communicatie of hulpverlening. De schrijnende toestand van de doven wekte zowel de nieuwsgierigheid als het medelijden van de *philosophes* op. Zo vroeg Abbé Sicard:

> *Waarom* is de onontwikkelde dove van nature gesloten en niet in staat met anderen te communiceren? *Waarom* is hij tot deze staat van imbeciliteit teruggebracht? Verschilt hij biologisch van ons? Heeft hij niet alles wat nodig is om indrukken op te doen, ideeën te vormen en deze met elkaar te verbinden tot alles wat wij doen? Krijgt hij geen zintuiglijke indrukken zoals wij? Zijn die niet, zoals bij ons, een zaak van het verstand en vooraf gevormde ideeën? *Waarom* dan blijft de dove dom terwijl wij intelligent worden?[7]

Deze vraag stellen – iets wat nooit eerder echt, of zo duidelijk, was gedaan – is haar beantwoorden, is inzien dat het antwoord ligt in het gebruik van symbolen. Het komt, gaat

* Al in de zestiende eeuw hadden enkele dove kinderen van adellijke families na vele jaren onderwijs leren lezen en praten, zodat ze rechtspersonen konden worden (doofstommen werden voordien niet als zodanig erkend) en de titel en het fortuin van hun families konden erven. De zestiende-eeuwse Spanjaard Pedro Ponce de León, de Braidwoods in Groot-Brittannië, Amman in Nederland, en Pereire en Deschamps in Frankrijk waren allemaal dovenleraren die meer of minder succes boekten in hun streven doven te leren praten. Lane benadrukt dat velen van die leraren gebruik moesten maken van gebaren en vingerspellen om hun leerlingen taal te leren. Zelfs de besten van die 'orale' dove leerlingen kenden en gebruikten dan ook gebarentaal. Hun spraak was gewoonlijk moeilijk te verstaan en ging meestal snel achteruit als aan het intensieve onderwijs een eind kwam. Maar vóór 1750 was er voor de meerderheid van de doven, voor 99,9 procent van hen, geen hoop op onderwijs en leren lezen en schrijven.

Sicard verder, omdat de dove 'geen symbolen heeft om ideeën te fixeren en te combineren [...] omdat er een onoverbrugbare communicatiekloof gaapt tussen hem en de anderen'. Wat echter het belangrijkste was, en wat al sinds Aristoteles' opmerkingen over dit onderwerp een bron van fundamentele verwarring was geweest, dat was het voortdurende misverstand dat symbolen per se gesproken woorden moesten zijn. Misschien ging dit diep ingewortelde misverstand, of vooroordeel, terug tot de bijbel: de status van doofstommen als een minder soort mensen was al vervat in de Mozaïsche wet, die nog werd bekrachtigd door de bijbelse ophemeling van de stem en het oor als de ware weg waarin God tot de mensen sprak ('In den beginne was het Woord'). Maar toch, dwars door het Mozaïsche en Aristotelische gebulder heen verhieven zich enkele stemmen die zeiden dat dit niet noodzakelijk was. Zoals Socrates, wiens woorden in *Kratylos* van Plato zo veel indruk maakten op de jonge Abbé de l'Epée:

> Als wij stem noch tong hadden, en toch dingen aan elkaar kenbaar wilden maken, zouden wij dan niet, zoals de doofstommen, pogen onze bedoeling met de handen, het hoofd en andere delen van het lichaam weer te geven?

Of de diepzinnige en toch voor de hand liggende inzichten van de arts-filosoof Cardan uit de zestiende eeuw:

> Het is mogelijk een doofstomme in een positie te brengen dat hij hoort door te lezen en spreekt door te schrijven [...] want zoals verschillende klanken gebruikt worden om verschillende dingen aan te duiden, zo kunnen ook de verschillende afbeeldingen van voorwerpen en woorden daarvoor gebruikt worden [...] Geschreven karakters en ideeën kunnen verbonden worden zonder tussenkomst van geluiden.

In de zestiende eeuw was het denkbeeld dat het begrijpen van ideeën niet afhankelijk is van het horen van woorden revolutionair.*

Maar het zijn (meestal) niet de ideeën van filosofen die de werkelijkheid veranderen, en omgekeerd gebeurt dat ook niet door toedoen van gewone mensen. Wat de geschiedenis verandert, wat revoluties teweegbrengt, is het samenkomen van die twee. Een verheven geest – die van Abbé de l'Epée – moest in contact komen met een aardse praktijk – de inheemse gebarentaal van de arme doven die door Parijs zwierven – om een ingrijpende verandering mogelijk te maken. Als we ons afvragen waarom die ontmoeting niet eerder had plaatsgevonden, dan moet het antwoord luiden dat dit iets te maken had met de roeping van de Abbé, die de gedachte niet kon verdragen dat de zielen van de doofstommen onbekend zouden blijven met het geloof, onbekend met de Catechismus, de Schrift, het Woord van God; en het is gedeeltelijk te danken aan zijn nederigheid – dat hij bereid was naar de doven te *luisteren* – en gedeeltelijk aan een filosofisch en taalkundige opvatting die toentertijd opgeld deed, namelijk dat er een universele taal bestond, zoals de *speceium* waarvan Leibniz droomde.† De l'Epée benaderde de gebarentaal dan ook niet minachtend, maar juist met respect:

* Er hebben echter ook puur geschreven talen bestaan, zoals de taal die meer dan duizend jaar door de Chinese bureaucratische elite werd gebruikt en die nooit gesproken werd, en ook niet bedoeld was om te worden gesproken.

† Hier verkondigt De l'Epée precies dezelfde opvatting als zijn tijdgenoot Rousseau, die trouwens in alle achttiende-eeuwse beschrijvingen van gebarentaal te lezen staat. Rousseau (in zijn *Discours sur l'origine de l'inégalité parmi les hommes* en zijn *Essai sur l'origine des langues*) spreekt van een menselijke oertaal waarin alles zijn ware en natuurlijke naam heeft; een taal die zo concreet is, zo bijzonder, dat ze de essentie, het *Ding an sich*, van alles kan vatten, zo spontaan dat ze elke emotie direct kan uitdrukken, en zo doorzichtig dat uitvluchten of bedrieglijke uitdrukkingen er niet in voorkomen. Zo'n taal zou zonder logica, grammatica, metaforen of abstracties zijn (en zou die ook niet nodig hebben) – ze zou geen symbolische, geen middellijke, maar een *on*middellijke uitdrukking van gedachten en gevoelens zijn. Misschien is de idee van zo'n taal – een taal van het hart, een volledig doorzichtige en heldere taal, een taal waarin alles gezegd kan worden, zonder ons ooit te misleiden of in verwarring te brengen (Wittgenstein sprak vaak van beheksing door taal), een taal zo zuiver en diepzinnig als muziek – een universele wensdroom.

> De universele taal die de geleerden tevergeefs gezocht hebben, en waarvan zij wanhoopten dat zij bestond, is hier, vlak onder uw ogen: het zijn de gebaren van de arme doven. Aangezien gij dit niet weet, doet gij daar minachtend over, doch dit alleen kan u de sleutel geven tot alle talen.[8]

Dat dit een misvatting was – want gebarentaal is geen universele taal in die verheven betekenis, en de edele droom van Leibniz was waarschijnlijk een hersenschim – deed er niet zoveel toe en was eigenlijk een voordeel.* Wat ertoe deed was dat de Abbé grote aandacht aan zijn leerlingen schonk en hun taal leerde (wat nog vrijwel geen horende ooit eerder had gedaan). En daarna, door tekens met afbeeldingen en geschreven woorden te verbinden, leerde hij hen lezen; en daarmee opende hij in één klap het hele cultuurbezit van de wereld voor hen. De l'Epées systeem van *signes méthodiques* ('methodische tekens') – een combinatie van de zelf ontwikkelde gebaren van de doven en tekens voor Franse grammaticale categorieën – stelde de doven in staat op te schrijven wat hun door een doventolk werd 'verteld', een methode die zo succesvol was dat ze gewone dove leerlingen in staat stelde te leren lezen en schrijven en zo onderwijs te volgen. Zijn school, gesticht in 1755, was de eerste die openbare steun kreeg. Hij leidde een groot aantal dovenonderwijzers op, die tegen de tijd dat hij stierf, in 1789, eenentwintig doveninstituten hadden gesticht in Frankrijk en de rest van Europa. Tijdens de woelige dagen van de Franse Revolutie leek het bestaan van De l'Epées instituut even bedreigd, maar in 1791

* Deze opvatting, dat gebarentaal uniform en universeel is en doven van over de hele wereld in staat stelt met elkaar te communiceren, is nog steeds wijd verbreid. Ze is onjuist. Er zijn honderden verschillende gebarentalen die onafhankelijk van elkaar zijn ontstaan overal waar grote aantallen dove mensen met elkaar in contact kwamen. Zo hebben we de *American Sign Language*, de *British Sign Language*, en de Franse, de Deense, de Chinese en de Maleise gebarentalen, die geen verband hebben met gesproken Engels, Frans, Chinees enzovoort. (In Van Cleve, 1987, worden meer dan vijftig natuurlijke gebarentalen, van die van de Australische aboriginals tot die van de Joegoslaven, beschreven.)

werd het omgedoopt tot het *Institution Nationale des Sourds-Muets à Paris*, met aan het hoofd de briljante taalkundige Sicard. Het boek van De l'Epée, in zijn soort even revolutionair als dat van Copernicus, verscheen in 1776.

Het boek van De l'Epée is klassiek en in vele talen beschikbaar. Wat echter niet beschikbaar is, wat vrijwel onbekend is gebleven, dat zijn de even belangrijke (en in bepaalde opzichten nog veel boeiender) oorspronkelijke geschriften van de doven zelf – van de eerste doofstommen die leerden schrijven. Harlan Lane en Franklin Philip hebben ons een grote dienst bewezen door die geschriften voor het grote publiek toegankelijk te maken met hun boek *The Deaf Experience*. Vooral ontroerend en belangrijk zijn de *Observations* uit 1779 van Pierre Desloges – het eerste boek van een dove dat gepubliceerd werd – dat nu voor het eerst in het Engels verkrijgbaar is. Desloges, die op jonge leeftijd doof werd en vrijwel geen taal leerde, geeft eerst een angstaanjagende beschrijving van de wereld, of onwereld, der taallozen:

> In het begin toen ik doof was geworden, en zo lang ik gescheiden leefde van andere doven [...] kende ik totaal geen gebarentaal. Ik gebruikte alleen onsystematische, geïsoleerde en losstaande tekens. Ik wist niets van de kunst om ze met elkaar te combineren tot afzonderlijke beelden waarmee verschillende ideeën uitgedrukt en overgedragen kunnen worden aan de mensen met wie je leeft, en door middel waarvan je een samenhangend gesprek kunt voeren.[9]

Desloges, hoewel duidelijk een zeer begaafd iemand, kon er dus nauwelijks 'ideeën' op na houden of een 'samenhangend gesprek' voeren *tot* hij gebarentaal leerde (van een andere dove, zoals meestal gebeurt, in dit geval van een analfabete doofstomme). Desloges, hoewel uiterst intelligent, was intellectueel gehandicapt tot hij gebarentaal leerde – en met name, om een begrip te gebruiken dat de Britse neuroloog Hughlings-Jackson honderd jaar later zou bezigen in verband met de stoornissen die optreden bij afasie, was hij niet in staat tot 'propositionering'. Het beste kan dit begrip verduidelijkt worden met een citaat van Hughlings-Jackson zelf:

> Wij praten of denken niet zomaar in woorden of tekens, maar in woorden of tekens die op een bepaalde manier naar elkaar verwijzen [...] Zonder een behoorlijke verband tussen de onderdelen zou een verbale uiting niet meer dan een opeenvolging van namen zijn, een bundel woorden die geen propositie belichaamt [...] De eenheid van taal is de propositie. Verlies van taal (afasie) is daarom verlies van het vermogen tot propositioneren [...] niet alleen het vermogen om luidop te propositioneren (praten), maar ook om dit intern of extern te doen [...] De sprakeloze patiënt heeft zijn taalvermogen verloren, niet alleen in de populaire betekenis dat hij niet meer kan praten, maar ook in volledige zin. Wij praten niet alleen om andere mensen te vertellen wat we denken, maar ook om aan onszelf te vertellen wat we denken. Spreken is een onderdeel van denken.[10]

Daarom sprak ik eerder van prelinguale doofheid als een potentieel veel verwoestender aandoening dan blindheid. Want ze kan zonder ingrijpende maatregelen leiden tot een toestand van vrijwel volledige taalloosheid – en van een onvermogen om te 'propositioneren' – die te vergelijken is met afasie, een aandoening waarbij het denken zelf onsamenhangend en verbrokkeld kan worden. De taalloze dove kan dus inderdaad imbeciel *lijken*, en dat is wel bijzonder cru, omdat de intelligentie, die aanwezig en misschien wel zeer groot is, opgesloten zit en blijft zolang het gemis van taal voortduurt. Abbé Sicard heeft dus gelijk – en hij zegt het poëtisch – wanneer hij schrijft dat de introductie van gebarentaal 'voor het eerst de deuren [...] van de intelligentie opengooide'.

Niets is mooier of meer welkom dan dat iemands capaciteiten ontsloten worden en dat hij in staat wordt gesteld te groeien en te denken, en niemand bejubelt of beschrijft dit zo intens of welbespraakt als deze plotseling bevrijde doofstommen zelf, zoals Pierre Desloges:

> De [gebaren]taal die we onder elkaar gebruiken geeft een getrouw beeld van het voorwerp dat wordt uitgedrukt en is daardoor uitnemend geschikt om ideeën te preciseren en om ons begrip uit te breiden doordat ze dwingt tot constante observatie en analyse. Deze taal is levendig, ze beeldt gevoelens uit en ze ontwikkelt de verbeelding. Geen enkele taal is méér geschikt om sterke en overweldigende emoties over te brengen.[11]

Maar zelfs De l'Epée was zich er niet van bewust, of zou niet hebben kunnen geloven, dat gebarentaal een volledige taal is, in staat niet alleen om elke emotie, maar ook elke propositie, uit te drukken en geschikt om over elk onderwerp, concreet of abstract, even trefzeker en effectief en grammaticaal te discussiëren als gesproken taal.*

*

Dit is ook altijd, zij het alleen impliciet, duidelijk geweest voor de gebruikers van gebarentaal zelf, maar het is altijd ontkend door de horenden en sprekenden die, hoe goed bedoeld ook, gebarentaal beschouwden als iets rudimentairs, primitief, pantomimisch, iets armzaligs. De l'Epée koesterde die misvatting – en die is bijna overal onder de horenden blijven bestaan. Men moet daarentegen beseffen dat gebaren-

* Het lag inderdaad aan zijn onwetendheid of scepsis in dezen dat hij kwam met zijn totaal overbodige, absurde, systeem van *signes méthodiques*, dat hij aan de doven opdrong, waardoor ze tot op zekere hoogte in hun ontwikkeling en communicatiemogelijkheden werden geremd. De l'Epées opvatting van gebarentaal was zowel geëxalteerd als geringschattend. Aan de ene kant zag hij er een 'universele taal' in, en aan de andere kant beschouwde hij het systeem als grammaticaloos (en dus had het een infuus nodig van bijvoorbeeld de Franse grammatica). Deze misvatting bleef zestig jaar lang bestaan, tot Roch-Ambroise Bébian, een leerling van Sicard, inzag dat de inheemse gebarentaal compleet en autonoom was en de *signes méthodiques*, de geïmporteerde grammatica, eruit gooide.

taal gelijkwaardig is aan spraak en even exact en poëtisch kan zijn – van filosofische analyse tot liefdesverklaringen – en soms zelfs vloeiender dan gesproken taal. (Als de gebarentaal als eerste taal geleerd is, blijven ook horenden haar vaak gebruiken, en ze geven er in sommige gevallen zelfs de voorkeur aan boven gesproken taal.)

De filosoof Condillac, die eerst doven had beschouwd als 'standbeelden met gevoel' of 'wandelende machines', niet in staat tot denken of enige samenhangende geestelijke activiteit, ging incognito naar de school van De l'Epée, kwam tot inkeer en leverde de eerste filosofische onderschrijving van deze methode en van de gebarentaal:

> Uit de taal der bewegingen heeft De l'Epée een methodische, eenvoudige en gemakkelijke kunst geschapen waarmee hij zijn leerlingen allerlei soorten ideeën geeft en, mag ik wel zeggen, nauwkeuriger ideeën dan die welke gewoonlijk met behulp van het gehoor verkregen worden. Wanneer wij als kind de betekenis van woorden moeten afleiden uit de omstandigheden waarin we ze horen, gebeurt het vaak dat we de betekenis slechts bij benadering vatten en stellen we ons de rest van ons leven tevreden met die benadering. Met de doven die door De l'Epée worden onderwezen ligt het anders. Hij heeft slechts één manier om hun concrete denkbeelden bij te brengen: door analyse en door de leerling te betrekken bij de analyse. Zo leidt hij hen van concrete naar abstracte ideeën; wij kunnen zien hoeveel voordelen de bewegingstaal van De l'Epée heeft ten opzichte van de spraakklanken van onze gouvernantes en onderwijzers.[12]

Van Condillac tot het grote publiek, dat nu ook in groten getale toestroomde naar de demonstraties van De l'Epée en Sicard, kwam er een enorme, grootmoedige mentaliteitsverandering, een verwelkoming van de voorheen uitgestotenen in de menselijke samenleving. In deze periode – een soort Gouden Eeuw in de geschiedenis van de doven – werden in de hele beschaafde wereld in snel tempo doveninstituten opgericht, meestal bemand door dove onderwijzers, waardoor de doven uit hun verwaarloosde en afgezonderde positie kwamen, zich emancipeerden en volwaardige burgers werden en tot hoge, verantwoordelijke posities opklommen – dove schrijvers, dove ingenieurs, dove filosofen, dove intellectuelen: het was voordien allemaal ondenkbaar geweest, maar nu werd het mogelijk.

*

Toen Laurent Clerc (een leerling van Massieu, die zelf een leerling van Sicard was) in 1816 naar de Verenigde Staten kwam, had hij onmiddellijk een buitengewoon grote invloed, omdat de Amerikaanse dovenonderwijzers nog nooit een intelligente en ontwikkelde doofstomme hadden ontmoet, en zich zo iemand ook nauwelijks konden voorstellen, net zo min als ze een voorstelling hadden van de sluimerende capaciteiten van de doven onder hun hoede. Samen met Thomas Gallaudet stichtte Clerc in 1817 in Hartford het *American Asylum for the Deaf.** Zoals Parijs – haar onderwijzers, *philosophes*, en haar bevolking – in de jaren zeventig van de acht-

* In *When the Mind Hears* wordt Harlan Lane romanschrijver-biograaf-historicus en neemt de gedaante aan van Clerc, via welk personage hij de vroegste geschiedenis van de doven verhaalt. Aangezien Clercs lange en bewogen leven de periode van de belangrijkste ontwikkelingen omspant, waarin hij bovendien zelf een leidende rol speelde, wordt zijn 'autobiografie' een prachtige persoonlijke geschiedenis van de doven.

Het verhaal van Clercs rekrutering en komst naar Amerika is een dierbaar stukje geschiedenis en folklore van de doven. Toen Thomas Gallaudet (zo wil de overlevering) op een dag een paar kinderen in zijn tuin zag spelen, werd hij getroffen door het feit dat een van hen, een meisje, niet meedeed. Hij vernam dat ze Alice Cogswell heette, en dat ze doof was. Hij probeerde haar zelf te onderwijzen en sprak vervolgens met haar vader, Mason Cogswell, een chirurgijn uit Hartford, over het stichten van een school voor doven in die plaats (er waren in die tijd nog geen dovenscholen in de Verenigde Staten).

Gallaudet ging scheep naar Europa, op zoek naar een dovenonderwijzer, iemand die een school voor doven in Hartford zou kunnen stichten of helpen stichten. Hij ging eerst naar Engeland, naar een van de Braidwood-

tiende eeuw door De l'Epée was ontroerd, verbaasd, 'bekeerd', zo werd Amerika vijftig jaar later bekeerd.

De sfeer aan het Hartford Asylum, evenals aan de andere scholen die spoedig werden opgericht, werd gekenmerkt door het soort enthousiasme en opwinding dat je alleen ziet bij grote intellectuele en humanitaire ondernemingen.* Het onmiddellijke en spectaculaire succes van het Hartford Asylum leidde al gauw tot de opening van andere scholen overal waar de bevolkingsdichtheid groot was en er dus veel doven waren. Vrijwel alle dovenonderwijzers (van wie bijna iedereen vloeiend gebarentaal kende en die voor het grootste deel zelf doof waren) gingen naar Hartford. Het door Clerc geïmporteerde Franse gebarensysteem vermengde zich al snel met de inheemse gebarentalen – doven ontwikkelen overal waar dovengemeenschappen zijn gebarentaal, dat is voor hen het gemakkelijkste en meest natuurlijke communicatiemiddel. Zo ontstond een uniek expressieve en rijke mengvorm: de *American Sign Language* (ASL).† Een zeer krachtige inheemse bijdrage aan de ontwikkeling van ASL – zoals overtuigend

scholen, een 'orale' school die in de eeuw daarvoor was opgericht (het was ook een Braidwood-school die Johnson bezocht op zijn reis naar de Hebriden); hij werd echter koel ontvangen: de orale methode, zei men hem, was een 'geheim'. Na zijn ervaring in Engeland ging hij door naar Parijs, en daar vond hij Laurent Clerc, die les gaf aan het *Institution Nationale des Sourds-Muets*. Wilde *hij* – zelf een dove, die nooit buiten zijn geboorteland Frankrijk, zelfs nauwelijks buiten de muren van het instituut, was geweest – meegaan en het Woord (Gebaar) naar Amerika brengen? Clerc stemde toe, en de twee gingen scheep. Op de tweeënvijftig dagen durende reis naar Amerika leerde Clerc Gallaudet gebarentaal en Gallaudet leerde Clerc Engels. Kort na aankomst begonnen ze fondsen te werven – publiek en overheid waren enthousiast en vrijgevig – en het jaar daarop openden ze samen met Mason Cogswell het Asylum in Hartford. Op het terrein van de huidige Gallaudet University staat een standbeeld van Thomas Gallaudet die Alice onderwijst.

* Deze sfeer ademt uit elke pagina van een heerlijk boek: *The Deaf and the Dumb* van Edwin John Mann, oud-leerling van het Hartford Asylum, uitgegeven door Hitchcock, 1836.

† We hebben onvoldoende directe kennis van de evolutie van ASL, met name gedurende de eerste vijftig jaar, toen een verstrekkende 'creolisatie' en amerikanisatie plaatsvond van de geïmporteerde Franse gebarentaal (zie

aangetoond door Nora Ellen Groce in haar boek *Everyone Here Spoke Sign Language* – werd geleverd door de doven van het eiland Martha's Vineyard. Een aanzienlijk deel van de bevolking leed aan een aangeboren vorm van doofheid, en op bijna het hele eiland werd een gemakkelijke en rijke gebarentaal gebruikt. Vrijwel alle doven van Martha's Vineyard gingen in de beginperiode van het instituut naar het Hartford Asylum en droegen zo met hun unieke krachtige taal bij aan de ontwikkeling van de Amerikaanse doventaal.

Dit doet heel sterk denken aan kruisbestuiving: mensen overal vandaan brengen hun plaatselijke talen, met al hun eigenaardigheden en rijkdom, naar Hartford, en nemen vandaar een meer verfijnde en veelzijdige taal mee terug.* De opkomst van het dovenonderijs en de alfabetisering van de doven verliep in de Verenigde Staten even spectaculair als in Frankrijk, en verbreidde zich al snel naar andere delen van de wereld.

Harlan Lane schat dat er tegen 1869 in de hele wereld 550 dovenonderwijzers waren en dat 41 procent van de Amerikaanse dovenonderwijzers zelf doof was. In 1864 nam het Congres een wet aan waarmee het Columbia Institution for the Deaf and the Blind te Washington een nationale doofstommenuniversiteit werd, de eerste hogeschool speciaal voor doven. De eerste rector was Edward Gallaudet, de zoon van Thomas Gallaudet door wie Clerc in 1816 naar de Verenigde Staten was gehaald. Gallaudet College, zoals het later

Fischer, 1978 en Woodward, 1978). Er gaapte tegen 1867 al een brede kloof tussen de Franse gebarentaal en het nieuwe Creool-ASL – Clerc zelf spreekt daar al over – en die kloof is in de afgelopen honderdtwintig jaar nog breder geworden. Niettemin zijn er nog steeds belangrijke overeenkomsten tussen de twee talen – genoeg voor een Amerikaanse gebruiker van gebarentaal om zich niet volledig ontheemd te voelen in Parijs. In tegenstelling daarmee hebben sprekers van ASL grote moeite met het verstaan van de *British Sign Language*, die heel andere inheemse wortels heeft.

* Inheemse gebarendialecten kunnen heel verschillend zijn: een Amerikaanse dove die vóór 1817 door het land reisde, zou gebarendialecten zijn tegengekomen die onderling onverstaanbaar waren, en de standaardisatie verliep in Engeland zo langzaam dat tot voor kort doven van aangrenzende dorpen elkaar niet konden verstaan.

heette (nu heet het Gallaudet University), is nog steeds het enige instituut voor algemeen vormend hoger onderwijs voor dove studenten in de wereld – hoewel er verscheidene studieprogramma's en instituten voor doven bestaan die geassocieerd zijn met technische opleidingen. De beroemdste van deze opleidingen is het Rochester Institute of Technology, waar meer dan 1500 dove studenten het National Technological Institute for the Deaf vormen.

De grote vloedgolf van dovenonderwijs en dovenemancipatie die tussen 1770 en 1820 over Frankrijk spoelde, zette tot 1870 zijn zegerijke opmars voort door de Verenigde Staten (Clerc, tot het eind toe een immens actieve en charismatische persoonlijkheid, stierf in 1869). En toen – en dit is het breekpunt in dit verhaal – keerde het tij, het keerde zich tegen het gebruik van gebarentaal door en voor de doven, zodat binnen twintig jaar het werk van een eeuw teniet werd gedaan.

Wat er met de doven en hun gebarentaal gebeurde was onderdeel van een algemene (en, zo men wil, 'politieke') beweging van die tijd: een algemene Victoriaanse benepenheid, conformisme, intolerantie ten opzichte van minderheden en ongewone gebruiken van allerlei soort: religieuze, linguïstische, etnische. Zo werden in die tijd de 'kleine naties' en de 'kleine talen' in de wereld (bijvoorbeeld Wales en het Welsh) onder druk gezet om zich te assimileren of te conformeren.

Er was, in het bijzonder, al twee eeuwen een mentale tegenstroom van onderwijzers en ouders van dove kinderen die vonden dat de doelstelling van het dovenonderwijs zou moeten zijn: de doven te leren spreken. Al een eeuw eerder had De l'Epée zich in impliciete, zo niet expliciete, oppositie bevonden tegenover Pereire, de grootste 'oralist' of 'ontstommer' van zijn tijd. Pereire maakte er een levenstaak van de doven te leren spreken, een taak die inderdaad veel toewijding vereiste, want het kostte jaren van uiterst intensieve en ingespannen individuele training om enig resultaat te bereiken, terwijl De l'Epée honderden leerlingen tegelijk kon onderwijzen. En toen, in de jaren zeventig van de vorige eeuw, barstte er een stroming los die al tientallen jaren groeiende was en die, paradoxaal genoeg, op gang was gekomen door het enorme succes van de doofstommeninstituten en hun spectaculaire demonstraties van dovenonderwijs, en die dreigde juist het middel tot dit succes te vernietigen.

Er waren zeker reële dilemma's, zoals die er altijd geweest zijn, en nog zijn. Wat voor nut had gebarentaal zonder gesproken taal, vroeg men zich af.* Zou dat de contacten van doven niet beperken tot andere doven? Was het niet beter om ze te leren praten en liplezen, zodat ze zich volledig in de maatschappij konden integreren? Moet gebarentaal niet verboden worden, omdat deze het spreken in de weg staat?

Deze argumentatie heeft echter ook zijn keerzijde. Als leren praten een ingespannen bezigheid is die tientallen uren onderwijs per week vergt, worden de voordelen daarvan dan niet weer teniet gedaan door de weinige tijd die er op die manier overblijft voor andere vakken? Kweek je dan niet uiteindelijk functionele analfabeten die op zijn best gebrekkig kunnen praten? Wat is 'beter', integratie of educatie? Kunnen beide misschien verkregen worden door spraak en gebaren te combineren? Of zou zo'n combinatie niet de beste

* De oude term 'doofstom' sloeg op een vermeend onvermogen van doofgeborenen om te spreken. Daar zijn ze natuurlijk heel goed toe in staat – ze hebben dezelfde spraakorganen als wij; wat ze missen is het vermogen om hun eigen spraak te horen, en dus om die bij te stellen. Vandaar dat ze qua volume en toon vaak abnormaal praten en veel consonanten en andere spraakklanken inslikken, soms zo veel dat ze onverstaanbaar worden. Aangezien doven hun eigen spraak niet op het gehoor kunnen bijstellen, moeten ze dat op andere manieren leren – op het gezicht, het gevoel, door trillingswaarneming en door kinesthesie. Bovendien hebben prelinguaal doven geen auditief beeld, geen *idee* van hoe spraak eigenlijk klinkt, geen idee van een correspondentie tussen betekenis en geluid. Een in wezen auditief verschijnsel moet begrepen en beheerst worden met niet-auditieve middelen. Dat is zeer moeilijk en vereist vaak duizenden uren individueel onderwijs.

Daardoor klinken pre- en postlinguaal doven meestal zo heel anders en zijn ze onmiddellijk herkenbaar: postlinguaal doven *herinneren* zich hoe ze moeten praten, ook al hebben ze geen directe feedback meer van hun spraakgeluid, terwijl de prelinguaal doven moeten *leren* hoe ze moeten praten, zonder enig begrip van of herinnering aan hoe het klinkt.

maar de slechtste elementen van beide werelden naar voren halen?

Deze dilemma's, deze discussies uit de jaren zeventig van de vorige eeuw, schijnen als een soort onderstroom te zijn aangezwollen onder de oppervlakte van een eeuw van resultaten – resultaten die beschouwd konden worden, en door velen beschouwd werden, als averechts en leidend tot isolement en een gemeenschap van buitengeslotenen.

Edward Gallaudet zelf was een ruimdenkend man, die eind jaren zestig van de vorige eeuw door heel Europa reisde en de dovenscholen van veertien landen bezocht. Hij kwam tot de conclusie dat het merendeel zowel gebarentaal als gesproken taal gebruikte, dat de gebarentaalscholen even goed waren als de orale scholen wat betreft gesproken taal, maar dat ze betere resultaten boekten op het gebied van algemeen onderwijs. Hij vond dat spreekvaardigheid, hoewel zeer gewenst, niet de basis kon zijn van het primaire onderwijs – dat onderwijs moest, in een vroeg stadium, door middel van gebaren worden gegeven.

Gallaudet bekeek de zaak van verschillende kanten, maar anderen deden dat niet. Er was al een stroom van 'hervormers' geweest – Samuel Gridley Howe en Horace Mann waren bekende voorbeelden – die luid riepen om de val van de 'ouderwetse' gebarentaalscholen en de oprichting van 'progressieve' orale scholen. De Clarke School for the Deaf in Northampton, Massachusetts, opende als eerste zijn deuren in 1867. (Deze school stond model en was het voorbeeld voor de Northampton School in Engeland, die een jaar later werd gesticht door de predikant Thomas Arnold.) De belangrijkste en machtigste 'orale' figuur was echter Alexander Graham Bell, zelf afkomstig uit een familie met een lange traditie van onderwijs in spreekvaardigheid en het corrigeren van spraakgebreken (zijn vader en grootvader waren eminente vaklieden op dit gebied), waarbij ook doofheid een rol speelde. Die doofheid werd echter angstvallig ontkend (zowel zijn moeder als zijn vrouw waren doof, maar erkenden dit nooit); bovendien was Alexander Graham Bell natuurlijk van zichzelf een technisch genie. Toen hij het volle gewicht van zijn enorme autoriteit en prestige in de schaal van het oralisme wierp, sloeg deze ten slotte door, en op het internationale congres van dovenonderwijzers in Milaan, in 1880, waar de dove onderwijzers zelf geen stemrecht hadden, won het oralisme het pleit en werd het gebruik van gebarentaal op de scholen 'officieel' verboden.* De doven werd het gebruik van hun eigen 'natuurlijke' taal ontzegd, en vanaf toen waren ze gedwongen zo goed als ze konden de (voor hen) 'onnatuurlijke' spreektaal te leren. Wellicht was dit in overeenstemming met de tijdgeest: het aanmatigende idee van de wetenschap als macht, van het beheersen, en nooit eerbiedigen, van de natuur.

Een van de consequenties was dat de doven voortaan onderwijs kregen van horenden. Het percentage dove leraren in het dovenonderwijs, dat in 1850 dicht bij de 50 lag, zakte rond de eeuwwisseling naar de 25 en in 1960 bedroeg het 12 procent. Steeds meer werd Engels de taal waarin de doven onderwijs kregen van horende leraren, en steeds minder van die leraren kenden ook maar iets van gebarentaal – de situatie zoals door David Wright beschreven voor zijn school in de jaren twintig.

Dat zou allemaal nog niet zo erg zijn als het oralisme werkte. Maar het effect was jammer genoeg dat het omgekeerde gebeurde van wat beoogd werd – een onaanvaardbare prijs moest worden betaald voor het aanleren van gesproken taal. Dove studenten in de jaren vijftig van de vorige

* Hoewel Bell door doven een beetje als een boeman wordt beschouwd (George Veditz, voormalig president van de National Association of the Deaf en een held onder de doven, noemde hem 'de vreselijkste vijand van de Amerikaanse doven'), moet opgemerkt worden dat hij ook eens heeft gezegd: '*Ik denk dat als we alleen kijken naar de geestelijke gesteldheid van het kind, ongeacht de taal, dat dan alleen gebarentaal tot zijn geest doordringt; het is de methode om de geest van het dove kind te bereiken.*'

En zelf was hij ook niet onbekend met gebaren, integendeel: hij was 'vloeiend in het maken van gebaren met zijn vingers – net zo goed als een doofstomme [...] kon zijn vingers met betoverende gratie en gemak gebruiken,' zoals zijn dove vriend Albert Ballin zei. Ballin noemde Bells belangstelling voor doven 'een hobby' – maar ze heeft meer weg van een tamelijk fanatieke en ambivalente obsessie (zie Gannon, 1981, pp. 78–79).

eeuw die het Hartford Asylum of een soortgelijke school hadden bezocht, waren zeer geletterd en hoog ontwikkeld – volledig de gelijken van hun horende tegenhangers. Tegenwoordig is het omgekeerde het geval. Oralisme en het onderdrukken van gebarentaal heeft een dramatische achteruitgang in de onderwijsprestaties van dove kinderen en de ontwikkeling van doven in het algemeen tot gevolg gehad.*

Deze deprimerende feiten zijn, hoe ze ook geïnterpreteerd worden, bekend bij iedereen die te maken heeft met onderwijs aan doven. Hans Furth, een psycholoog die zich bezighoudt met de cognitie van doven, stelt dat doven even hoog scoren in intelligentietests die geen gebruik maken van geleerde informatie als horenden.[13] Hij betoogt dat doofgeborenen lijden aan 'informatiedeprivatie'. Dat heeft verschillende oorzaken. Ten eerste vangen zij minder 'incidentele' informatie buiten de school op, bijvoorbeeld uit de gesprekken die in het dagelijks leven worden gevoerd en van de televisie (tenzij ondertiteld). Ten tweede is de inhoud van het dovenonderwijs mager vergeleken met dat aan horende kinderen: het kost zoveel tijd om de kinderen te leren praten (men moet rekenen op vijf à acht jaar intensieve training) dat er nog maar weinig overblijft om informatie, cultuur, complexe vaardigheden of iets anders te onderwijzen.

Maar het streven om de doven te leren spreken, de drang die daarachter werd gezet – en vanaf het begin de rare bijgelovige opvattingen die altijd rondom het gebruik van gebarentaal hebben gehangen, om maar niet te spreken van de enorme investeringen die in de orale scholen werden gedaan – is verantwoordelijk voor het ontstaan van deze betreurenswaardige situatie. De ontwikkeling verliep onopgemerkt, behalve voor de doven zelf die, zelf onopge-

* Veel doven zijn tegenwoordig functionele analfabeten. Een studie verricht door Gallaudet College in 1972 toonde aan dat het gemiddelde leesniveau van een achttienjarige dove met eindexamen High School gelijk was aan het niveau van de vierde klas van de lagere school, en een studie van de Britse psycholoog R. Conrad wees op een soortgelijke situatie: dove abituriënten hadden een leesvaardigheid van een gemiddelde negenjarige (Conrad, 1979).

merkt, weinig in de zaak in te brengen hadden. Pas in de jaren zestig van deze eeuw begonnen historici en psychologen, en ook ouders en dovenonderwijzers zich af te vragen: 'Wat is er gebeurd? Wat *gebeurt* er?' Pas in de jaren zestig en begin jaren zeventig kwam de kwestie onder de aandacht van het grote publiek in de vorm van romans zoals *In This Sign* van Joanne Greenberg (1970) en meer recent het indrukwekkende toneelstuk (en de indrukwekkende film) *Children of a Lesser God* van Mark Medoff.*

Men heeft de indruk dat er iets gedaan moet worden – maar wat? Zoals altijd lokt ook nu weer het verleidelijke compromis – dat een 'gecombineerd' systeem, een mengsel van gebaren en spraak, de doven in staat zal stellen vaardig te worden in beide. Er wordt nog een verdergaand compromis voorgesteld, een dat ten prooi is aan een diep misverstand: een taal ergens tussen gesproken taal en gebarentaal in (dat wil zeggen: gesproken taal in gebarenvorm). Deze misvatting heeft een lange geschiedenis – ze gaat terug tot de *signes méthodiques* van De l'Epée, die een poging waren tot iets tussen het Frans en gebarentaal in. Maar echte gebarentalen zijn compleet in zichzelf: syntaxis, semantiek, de hele grammatica is er, ze hebben alleen een ander karakter dan gesproken of geschreven taal. Zo is het niet mogelijk om gesproken taal woord voor woord of zin voor zin in gebarentaal om te zetten – hun structuren zijn wezenlijk anders. Men heeft vaak vaag het idee dat gebarentaal Engels of Frans *is*, maar daar lijkt gebarentaal niet op: de taal is gewoon zichzelf, gebarentaal. Het zogenaamde *Signed English* (Engels met gebaren), dat nu als een compromis gepropageerd wordt, is dus overbodig, want er is geen behoefte aan een pseudo-tussentaal. Maar toch worden de doven gedwongen deze tekens te

* Er waren natuurlijk al eerder romans met doven erin geschreven, zoals *The Heart is a Lonely Hunter* van Carson McCullers (1940). De figuur van Mr. Singer – een geïsoleerde dove man in een wereld van horenden – in dit boek is heel verschillend van de hoofdpersonen in Greenbergs roman, die zich levendig bewust zijn van hun dove identiteit. Een enorme sociale verandering, een verandering in sociale visie, heeft in de tussenliggende dertig jaar plaatsgevonden, met bovenal het opkomen van een nieuw zelfbewustzijn.

leren, niet voor de ideeën en activiteiten die ze willen uitdrukken, maar voor de Engelse spraakklanken die ze niet kunnen horen.

Nog steeds wordt aan Engels met gebaren in een of andere vorm de voorkeur gegeven boven het gebruik van ASL. Het meeste onderwijs aan doven, als het met gebaren gebeurt, wordt gegeven in Engels met gebaren; de meeste dovenonderwijzers, als ze al gebaren kennen, kennen deze vorm en geen ASL; en de typetjes die op de televisie verschijnen gebruiken allemaal Engels met gebaren, geen ASL. Een eeuw na de conferentie in Milaan zijn de doven dus nog steeds verstoken van hun eigen authentieke taal.

En – dit is belangrijker – hoe staat het dan met het gecombineerde systeem, waarbij niet alleen gebarentaal geleerd wordt, maar ook liplezen en spreken? Misschien dat dit uitvoerbaar is, mits in het onderwijs rekening wordt gehouden met de verschillende ontwikkelingsfasen waarin de groei van verschillende capaciteiten gestimuleerd moet worden. Essentieel is dit: totaal dove mensen vertonen geen enkele natuurlijke neiging om te spreken. Spreken is een vaardigheid die hun geleerd moet worden en dit vergt jaren werk. Aan de andere kant vertonen ze wel een onmiddellijke en onbedwingbare neiging om gebarentaal te gebruiken, want die is als visueel medium volledig toegankelijk voor hen. Dat is het duidelijkst bij dove kinderen van dove ouders die gebarentaal gebruiken: zij maken hun eerste gebaren als ze ongeveer zes maanden oud zijn, en vijftien maanden na de geboorte hebben ze al een behoorlijke gebarenvaardigheid.*

*

Taal moet zo vroeg mogelijk aangeboden en verworven worden, anders kan de ontwikkeling ervan voorgoed achterblijven en gestoord zijn, met alle problemen van 'propositio-

* Het moet echter benadrukt worden dat, hoewel er al in een zeer vroeg stadium een vocabulaire van tekens kan ontstaan, de grammatica van de gebarentaal zich op dezelfde leeftijd en op dezelfde manier ontwikkelt als de normale taalverwerving.

neren' waarover Hughlings-Jackson sprak. Bij totaal doven kan dit alleen door middel van gebarentaal gebeuren. Daarom moet doofheid zo vroeg mogelijk gediagnosticeerd worden.* Dove kinderen moeten eerst in aanraking komen met vloeiende gebarentaalgebruikers, of dat nu ouders, onderwijzers of anderen zijn. Als de gebaren eenmaal geleerd zijn – en op driejarige leeftijd beheersen ze die vaak al vloeiend – dan volgt de rest vanzelf: vrije gedachtenwisseling, vrije informatiestroom, leren lezen en schrijven, en misschien spreken. Er zijn geen aanwijzingen dat gebarentaal de verwerving van gesproken taal in de weg staat. Waarschijnlijk is het tegendeel waar.

Zijn de doven altijd en overal als 'gehandicapt' of 'minderwaardig' beschouwd? Hebben ze altijd te lijden gehad van en moeten ze altijd blijven lijden onder segregatie en isolement? Is het voorstelbaar dat hun toestand anders is? Was er maar een wereld waarin doof zijn er niet toe deed, en waarin alle doven zich volledig konden ontplooien en integreren! Een wereld waarin ze niet eens als 'gehandicapt' of 'doof' werden beschouwd.†

* Het vermoeden van doofheid kan soms door observatie ontstaan, maar in het eerste jaar is de afwijking niet gemakkelijk met zekerheid vast te stellen. Als er daarom een reden bestaat om doofheid te vermoeden – bijvoorbeeld omdat doofheid in de familie voorkomt, of omdat het kind niet reageert op plotselinge geluiden – dient er een fysiologische test van de hersenrespons op geluiden te worden uitgevoerd (daarbij worden de zogenaamde auditief opgewekte actiepotentialen in de hersenstam gemeten). Deze test, die betrekkelijk eenvoudig is uit te voeren, kan al in de eerste week na de geboorte uitsluitsel geven of de baby doof is of niet.

† Sicard stelde zich zo'n gemeenschap voor: '*Zou er niet in een hoekje van de wereld een ganse gemeenschap van dove mensen kunnen zijn? Welnu! Zouden we dan denken dat deze individuen minderwaardig waren, dat ze dom waren en niet konden communiceren? Ze zouden zeker een gebarentaal hebben, welicht een taal die nog rijker is dan de onze. Deze taal zou tenminste ondubbelzinnig zijn, omdat zij altijd een nauwkeurig beeld van de gemoedsbewegingen geeft. Waarom zouden deze mensen dan onbeschaafd zijn? Waarom zouden ze eigenlijk een minder betrouwbaar wetstelsel, een minder betrouwbare regering of politie hebben dan wij?*' (Lane, 1984b, pp. 89–90)

Dit visioen, dat voor Sicard zo idyllisch was, wordt ook voorgesteld – maar dan als iets afgrijselijks – door de niet minder hyperbolische Alexander Graham Bell, wiens van vrees doortrokken *Memoir upon the Formation of a Deaf Variety of the Human Race* (1883), met zijn draconische voorstellen voor

*

Zulke werelden bestaan, ze hebben in het verleden bestaan, en zo'n wereld wordt verbeeld in Nora Ellen Groce's prachtige en boeiende boek *Everyone Here Spoke Sign Language: Hereditary Deafness on Martha's Vineyard.* Door een mutatie, een recessief gen dat door inteelt dominant was geworden, heeft gedurende 250 jaar, sinds de aankomst van de eerste dove kolonisten in 1690, op het eiland Martha's Vineyard in Massachusetts een vorm van erfelijke doofheid bestaan. In het midden van de negentiende eeuw was er nauwelijks een familie op het eiland die geen dove leden telde, en in sommige dorpen (Chilmark, West Tisbury) was zelfs een op de vier mensen doof. Het gevolg hiervan was dat de hele bevolking gebarentaal leerde en er een vrij en volledig contact bestond tussen de doven en horenden. De doven werden zelfs nauwelijks als 'doof' beschouwd, en zeker niet als 'gehandicapt'.*

In de fascinerende interviews die Groce optekende, praatten de oudere bewoners van het eiland levendig en met warmte over hun vroegere familieleden, buren en vrienden,

'behandeling' van de doven, werd ingegeven door zijn ervaring op Martha's Vineyard (zie verderop). Er is een element van beide houdingen – het idyllische en het afstotende – in het geweldige verhaal *The Country of the Blind* van H.G. Wells.

De doven zelf hebben soms de neiging gehad tot separatisme, een soort doven'zionisme'. In 1831 stelde Edmund Booth de vorming voor van een dovenstad of dovengemeente en in 1856 kwam John James Flournoy met het voorstel voor een dovenstaat, 'in het Wilde Westen'. En in de verbeelding leeft dit idee nog steeds voort. Zo droomt Lyson C. Sulla, de dove held van *Islay*, dat hij gouverneur wordt van de staat Islay en deze tot een staat 'van, door en voor' doven maakt (Bullard, 1968).

* Er bestonden in het verleden, en er bestaan ook nu nog, geïsoleerde gemeenschappen met een hoog percentage doven en met positieve sociale attitudes tegenover doven en hun taal. Dat is het geval op Providence Island, in de Caribische Zee, een gemeenschap die gedetailleerd bestudeerd is door James Woodward (Woodward, 1982) en die eveneens beschreven wordt door William Washabaugh (Washabaugh, 1986).

Misschien is het geval van Martha's Vineyard niet eens zo zeldzaam, misschien is dit overal te verwachten waar grote aantallen doven voorkomen. Er is een geïsoleerd dorp in Yucatán (ontdekt en voor het eerst gefilmd door de etnograaf en cineast Hubert Smith en nu linguïstisch en an-

meestal zonder erbij te vertellen dat ze doof waren. Pas als die vraag uitdrukkelijk werd gesteld, zwegen ze even en zeiden: 'Ja, nu je het zegt, Ebenezer wás inderdaad doofstom.' Maar Ebenezers doofheid maakte hem niet anders en werd nauwelijks als zodanig opgemerkt: hij werd gezien, hij werd herinnerd, gewoon als 'Ebenezer' – vriend, buur, visser – niet als een speciale, gehandicapte, geïsoleerde doofstomme. De doven van Martha's Vineyard hielden van elkaar, trouwden met elkaar, ze verdienden hun brood, werkten, dachten na, schreven, net als iedereen – ze waren op geen enkele manier anders, behalve dan dat ze door de bank genomen veel ontwikkelder waren dan de horende eilandbewoners, omdat ze bijna allemaal naar het Hartford Asylum gingen – en vaak werden ze beschouwd als de schandersten van de hele eilandbevolking.*

Het interessante is dat, zelfs toen de laatste dove eilandbewoner in 1952 gestorven was, de horenden de neiging hadden onder elkaar gebarentaal te blijven gebruiken, niet alleen voor speciale gelegenheden (schuine moppen vertel-

tropologisch bestudeerd door Robert Johnson en Jane Norman van Gallaudet University), waar dertien volwassenen en één baby, op een bevolking van ongeveer 400, doofgeboren zijn – en ook hier gebruikt het hele dorp gebarentaal. In nabijgelegen dorpen wonen nog andere dove familieleden – neven, achterneven enzovoort.

De gebarentaal die zij gebruiken is niet 'zelfgemaakt', maar is een Mayagebarentaal die duidelijk vrij oud is, want hij wordt door al deze doven begrepen, ook al wonen ze verspreid over een gebied van honderden vierkante kilometers en hebben ze vrijwel geen contact met elkaar. Deze taal verschilt heel erg van de Centraal-Mexicaanse gebarentaal, die in Mérida en andere steden gebruikt wordt – de twee talen zijn zelfs onderling onverstaanbaar. Het geïntegreerde, volledige leven van de doven in het binnenland – in gemeenschappen waar ze volledig geaccepteerd worden en die zich aan hen hebben aangepast door gebarentaal te leren – staat in schril contrast met het lage sociale, informatieve, educatieve en linguïstische niveau van de 'stads'doven van Mérida, die alleen geschikt zijn (na jaren tekortschietend onderwijs) voor venter of chauffeur van fietstaxi's. Hier zie je hoe goed de gemeenschap vaak functioneert en hoe slecht het 'systeem'.

* Naast haar voorbeeldige dovenschool biedt de stad Fremont in Californië ongeëvenaarde werkkansen aan doven, evenals een zeldzame mate van publieke en burgerlijke erkenning en respect. Door de aanwezigheid van duizenden doven in een bepaald deel van Fremont is een interessante tweetalige en biculturele situatie gegroeid, waarbij gesproken taal en geba-

len, praten in de kerk, communiceren tussen vissersboten, enzovoort), maar over het algemeen. Ze vielen er vanzelf op terug, soms midden in een zin, omdat gebarentaal zo 'natuurlijk' is voor iedereen die haar van jongs af aan heeft geleerd en een intrinsieke schoonheid en kwaliteit bezit die gesproken taal niet evenaart.*

Ik was zo geroerd door het boek van Groce dat ik, toen ik het uit had, meteen in de auto sprong, met alleen een tandenborstel, een bandrecorder en een fototoestel bij me – ik moest dat sprookjeseiland gewoon met eigen ogen zien. Ik merkte hoe sommigen van de oudste bewoners nog steeds onder elkaar gebarentaal gebruikten en er genoegen in schepten. De eerste keer dat ik dit zag was een onvergetelijke gebeurtenis. Ik reed op een zondagochtend naar het oude warenhuis in West Tisbury en zag een stuk of zes oude mensen op de stoep met elkaar kletsen. Het leken gewone mensen, buren, die met elkaar praatten – tot ze plotseling, verrassend, allemaal op gebarentaal overschakelden. Dat hielden ze een minuut lang vol en toen begonnen ze weer te praten. Op dat moment wist ik dat ik naar de juiste plaats was gekomen. En, pratend met

rentaal naast elkaar worden gebruikt. In bepaalde delen van de stad zijn er cafés waar de ene helft van de bezoekers praat en de andere helft gebaart, sportzalen waar doven en horenden samen trainen en atletiekwedstrijden waar doven en horenden tegen elkaar uitkomen. Er is hier niet alleen een vriendelijke uitwisseling tussen doven en horenden, maar ook een samensmelten of in elkaar grijpen van de twee culturen, zodat veel horenden (vooral kinderen) gebarentaal zijn gaan beheersen, meestal onbewust: onder invloed van de omgeving en niet door een bewust leerproces. Zo zien we ook hier, in een bruisende industriestad in Silicon Valley in de jaren tachtig (en er is een vergelijkbare situatie in Rochester, New York, waar verscheidene duizenden dove studenten, sommigen met hun hele dove gezin, het NTID bezoeken), dat de harmonieuze toestand van Martha's Vineyard kan herleven.

* Onlangs ontmoette ik een jonge vrouw, Deborah H., een met gebarentaal opgegroeid horend kind van dove ouders, die me vertelde dat ze vaak terugviel op gebarentaal en 'dacht in gebarentaal' telkens wanneer ze over een moeilijk probleem moest nadenken. Taal heeft zowel een intellectuele als een sociale functie, en voor Deborah, die kan horen en die nu in de wereld der horenden leeft, is de sociale functie heel natuurlijk geassocieerd met spraak, maar de intellectuele functie blijft voor haar kennelijk verankerd in gebarentaal.

een van de oudsten, ontdekte ik nog iets van groot belang. Deze dame van in de negentig, maar nog volledig bij de pinken, zakte soms weg in een vredige dagdroom. Als ze dat deed, leek het net of ze zat te breien, want ze maakte met haar handen allerlei ingewikkelde bewegingen. Haar dochter, die ook gebarentaal kende, vertelde me echter dat ze niet breide, maar als het ware 'hardop' in gebarentaal zat te denken. Zelfs in haar slaap, hoorde ik, beschreef de oude dame fragmentarische tekens op de beddesprei – ze droomde in gebarentaal. Zoiets kun je niet louter als een sociaal verschijnsel verklaren. Het is duidelijk dat wanneer iemand gebarentaal als eerste taal heeft geleerd, deze in het brein wordt geïnternaliseerd en de rest van het leven wordt gebruikt, ook al hoort de persoon en kan hij vloeiend praten. Gebarentaal, daarvan was ik nu overtuigd, is een fundamentele en volledig geïnternaliseerde taal.

Twee

IK RAAKTE GEÏNTERESSEERD in doven – hun geschiedenis, hun lot, hun taal, hun cultuur – toen ik de boeken van Harlan Lane ter recensie kreeg toegestuurd. Ik werd bijzonder getroffen door de beschrijvingen van geïsoleerde doven die nooit enige taal hadden geleerd: hun evidente intellectuele achterstand en, niet minder ernstig, de gestoorde emotionele en sociale ontwikkeling waarvan ze het slachtoffer kunnen worden als ze geen echte taal leren, of niet kunnen communiceren. Wat is noodzakelijk, vroeg ik me af, om tot een volwaardig menselijk wezen uit te groeien? Is onze – zo genoemde – menselijkheid gedeeltelijk afhankelijk van taal? Wat gebeurt er met ons als wij geen taal leren? Ontwikkelt taal zich spontaan en natuurlijk, of is daarvoor contact met andere menselijke wezens nodig?

Eén manier – een dramatische – om deze kwestie te onderzoeken is te kijken naar menselijke wezens die geen taal (meer) hebben. Taaldeprivatie, in de vorm van afasie, heeft dan ook al sinds de jaren zestig van de vorige eeuw de belangstelling van neurologen: Hughlings-Jackson, Head, Goldstein, Luria, allemaal schreven ze er uitgebreid over – en ook Freud schreef er in de laatste jaren voor de eeuwwisseling een monografie over. Maar afasie is verlies van taal (als gevolg van een beroerte of een ander hersenbeschadiging) in een reeds gevormd brein, bij een volgroeid individu. Je zou kunnen zeggen dat taal zijn werk al gedaan heeft bij die mensen (als taal een rol speelt in de vorming van de geest en het karakter). Als we de fundamentele rol van taal willen napluizen, moeten we niet kijken naar verlies van taal nadat de ontwikkeling ervan al voltooid is, maar die gevallen onderzoeken waarin taal zich niet kan ontwikkelen.

Ik kon me zoiets echter toch maar moeilijk voorstellen: ik

kende patiënten die hun taalvermogen hadden verloren, afasiepatiënten, maar ik kon me er geen voorstelling van maken hoe het zou zijn om helemaal nooit een taal te hebben geleerd.

*

Twee jaar geleden ontmoette ik op de Braefield School for the Deaf een jongen, Joseph, die toen net voor het eerst op school kwam – hij was elf jaar en kende geen taal. Hij was doof geboren, maar daar kwamen ze pas achter toen hij al vier was.* Het feit dat hij op de normale leeftijd niet kon praten, of kon verstaan wat tegen hem gezegd werd, werd toegeschreven aan 'achterlijkheid' en daarna aan 'autisme', en die diagnose bleef hem aankleven. Toen ze er ten slotte achterkwamen dat hij doof was, werd hij als 'doofstom' geëtiketteerd – niet alleen letterlijk 'stom', maar ook figuurlijk, en niemand probeerde hem ooit taal te leren.

Joseph wilde dolgraag communiceren, maar hij kon het niet. Hij kon niet praten of schrijven, hij kende geen gebarentaal. Het enige dat hij kon was gesticuleren en pantomimische gebaren maken – en tekenen, waarvoor hij een opmerkelijk talent bezat. Wat is er met hem gebeurd? vroeg ik mij voortdurend af. Wat gaat er in hem om, hoe is hij zover gekomen? Hij zag er oplettend en levendig uit, maar was totaal gedesoriënteerd: hij lette aandachtig op sprekende en gebarende mensen – zijn ogen schoten heen en weer van onze monden naar onze handen, nieuwsgierig, niet-begrijpend en, leek me, smachtend. Hij zag dat er iets 'gaande was' tussen ons, maar hij begreep niet wat – hij had nog vrijwel geen idee van symbolische communicatie, of wat het betekende om over

* Het gebeurt nog maar al te vaak dat doofheid niet bijtijds wordt opgemerkt, ook niet door intelligente en oplettende ouders, en dat de diagnose pas – te laat – wordt gesteld als het kind niet leert praten. De additionele diagnose 'stom' of 'achterlijk' wordt ook maar al te vaak gesteld en kan iemand een leven lang belasten. Veel grote inrichtingen voor 'geestelijk gestoorden' hebben doofgeboren patiënten onder hun dak die 'achterlijk', of 'teruggetrokken' of 'autistisch' worden genoemd en die misschien niets van dat alles zijn, maar die vanaf hun geboorte als zodanig behandeld werden en verstoken bleven van een normale ontwikkeling.

symbolische pasmunt te beschikken, om betekenissen uit te wisselen.

Hij had nooit een kans gehad – hij was nooit met gebarentaal in aanraking geweest -, hij was te kort gedaan in motivatie en affect (bovenal had hij de vreugde gemist die spel en taal zouden moeten bieden), maar nu begon Joseph een beetje gebarentaal op te pikken, hij begon al een beetje met anderen te communiceren. Dat deed hem duidelijk goed; hij wilde wel dag en nacht op school blijven, ook de weekenden, altijd. Het was pijnlijk om te zien hoe erg hij het vond om naar huis te gaan, want dat betekende voor hem een terugkeer naar de stilte, naar een hopeloos communicatievacuüm, waar hij geen conversatie, geen sociale omgang, had met ouders, buren, vrienden; het betekende weer over het hoofd te worden gezien, weer een niemendal te zijn.

Dat was een buitengewoon aangrijpende ervaring – ik had nog nooit eerder zoiets meegemaakt. Het deed me enigszins denken aan een tweejarig kind dat staat te trappelen om taal te leren – maar Joseph was al elf, hij was in de meeste opzichten een typische elfjarige. Gedeeltelijk deed hij me ook op een bepaalde manier denken aan een taalloos dier, maar geen enkel dier toont ooit een verlangen naar taal, zoals Joseph deed. Ik herinnerde me dat Hughlings-Jackson afatici eens had vergeleken met honden – maar honden lijken complete wezens en tevreden met hun taalloosheid, terwijl afatici een martelend besef van verlies hebben. En dat gold ook voor Joseph: hij had duidelijk het benauwende besef dat hij iets miste, dat hij gehandicapt was, gebrekkig. Hij deed me denken aan wilde kinderen, wolvekinderen, hoewel hij duidelijk niet 'wild' was, maar een produkt van onze beschaving, onze conventies – maar dan wel een volledig geïsoleerd produkt.

Joseph was bijvoorbeeld niet in staat te vertellen hoe hij het weekend had doorgebracht – dat kon je hem ook niet vragen, zelfs niet met gebaren: hij kon zelfs het *idee* van een vraag niet bevatten, laat staan dat hij een antwoord kon formuleren. Hij miste niet alleen taal: hij had ook duidelijk geen besef, zo bleek, van het verleden, van 'een dag geleden' als verschillend van 'een jaar geleden'. Hij had een vreemd gebrek aan historisch perspectief, je kreeg bij hem het gevoel van een leven zonder autobiografische en historische dimensies, een leven dat alleen op dit moment, in het nu bestond.

Zijn visuele intelligentie – zijn vermogen om visuele puzzels en problemen op te lossen – was goed en contrasteerde schril met de grote moeilijkheden die hij had met verbaal geponeerde problemen. Hij kon tekenen en daar hield hij van: hij tekende een goede plattegrond van de kamer, hij tekende graag mensen, hij begreep cartoons en visuele concepten. Vooral dat laatste gaf me het gevoel dat hij intelligent was – maar dan een intelligentie die grotendeels beperkt bleef tot het visuele. Boter-kaas-en-eieren had hij snel door en daar was hij al gauw erg goed in; ik had het idee dat hij snel dammen of schaken zou leren.

Joseph zag, onderscheidde, categoriseerde, gebruikte; hij had geen problemen met *perceptuele* categorisering of generalisering, maar het leek wel of hij niet veel verder dan dat kon komen, of hij geen abstracte ideeën kon vormen, nadenken, spelen, vooruitdenken. Hij leek volslagen 'letterlijk' – niet in staat te spelen met beelden, met hypothesen of mogelijkheden, niet in staat een figuurlijke, verbeelde wereld te betreden. En toch had je het gevoel dat hij een normale intelligentie had, ondanks deze kennelijke intellectuele beperkingen. Hij had verstand, maar hij gebruikte *zijn verstand niet volledig*.

Het is duidelijk dat taal en denken een totaal verschillende (biologische) oorsprong hebben, dat de wereld onderzocht en in kaart gebracht wordt, dat op de omgeving wordt gereageerd lang voor taal zijn intrede doet, dat er een uitgebreide scala van denken is – bij dieren en kinderen – lang voor de komst van taal. (Niemand heeft dit zo mooi onderzocht als Piaget, maar het is duidelijk voor iedereen die kinderen heeft – of een huisdier.) Een mens is zonder taal niet geestloos of achterlijk, maar wel zeer beperkt in zijn denken, opgesloten, in feite, in een miniwereld.*

Voor Joseph was dit het begin van communicatie, van taal, en hij was er geweldig opgetogen over. De school vond dat hij eerst, voordat hij formeel onderwijs kreeg, met taal moest spelen, taalspelletjes moest doen, zoals je met een kleuter doet die leert praten. Daarmee, hoopte men, zou een begin van taal en conceptueel denken gemaakt kunnen worden, zou hij taal kunnen leren door middel van denkspelletjes. Ik moest denken aan de tweeling die Luria beschreef: hoe ze in een bepaald opzicht zo 'achterlijk' waren doordat ze zo'n slechte taalbeheersing hadden en hoe ze onmetelijk verbeterden toen ze taal leerden.* Zou dat voor Joseph ook mogelijk zijn?

* Of niet? William James, altijd geboeid door de relatie tussen taal en denken, correspondeerde met Theophilus d'Estrella, een begaafde dove kunstenaar en fotograaf, en in 1893 publiceerde hij een autobiografische brief van d'Estrella, te zamen met zijn eigen bespiegelingen daarover (James, 1893). D'Estrella was doof geboren en begon pas op negenjarige leeftijd formele gebarentaal te leren (hoewel hij al van kinds af aan zelf een vloeiend 'huis-tuin-en-keuken-gebarentaaltje' had ontworpen). Aanvankelijk, schreef hij, '*dacht ik in beelden en tekens voordat ik op school kwam. De beelden waren niet tot in details exact, maar globaal. Ze verschenen kortstondig en vluchtig voor mijn geestesoog. De gebaren die ik thuis gebruikte waren niet extensief maar enigszins conventioneel [iconisch] op zijn Mexicaans [...] totaal verschillend van de symbolen van de taal voor doofstommen.*'

Hoewel taalloos, was d'Estrella als kind duidelijk nieuwsgierig, fantasievol, bedachtzaam, zelfs speculatief: hij dacht dat de zoute zee de urine was van een grote zeegod en de maan een godin aan de hemel. Dit alles kon hij uiten toen hij op tienjarige leeftijd op de California School for the Deaf kwam en gebarentaal en schrijven leerde. D'Estrella vond dat hij echt dacht, en uitgebreid dacht, zij het in beelden en figuren, voordat hij een formele taal leerde, dat taal diende om zijn gedachten 'uit te werken', zonder daarvoor een noodzakelijke voorwaarde te zijn. Dat was ook de conclusie van James: '*Zijn kosmologische en ethische bespiegelingen waren de uitkomst van zijn solitaire denken [...] Hij beschikte zeker niet over conventionele gebaren voor de causale en logische verbanden in bijvoorbeeld zijn deducties over de maan. Tot dusver kunnen we concluderen dat* zijn geschiedenis de opvatting lijkt te weerspreken *dat denken niet mogelijk is zonder woorden. Hier was beslist sprake van subtiel abstract denken, zowel wetenschappelijk als moreel, voorafgaand aan de middelen om het voor anderen uit te drukken.*' (Niet-cursieve gedeelte: mijn nadruk)

James dacht dat de studie van doven van groot belang was voor het begrijpen van de relatie tussen taal en denken. (Ik moet eraan toevoegen dat critici en correspondenten van James hun twijfels uitten over de betrouwbaarheid van d'Estrella's relaas.)

* A.R. Luria en F.Ia. Yudovich beschrijven een eeneiïge tweeling met een aangeboren taaldeficiëntie (als gevolg van een hersenafwijking, niet van

Het Latijnse woord *infans* ('zuigeling') betekent eigenlijk 'stom' of 'nog niet sprekend', en er zijn veel aanwijzingen dat de taalverwerving een absolute en kwalitatieve ontwikkeling in de menselijke natuur is. Hoewel een gezonde, actieve en intelligente elfjarige jongen, was Joseph in dat opzicht nog steeds een zuigeling – verstoken van de kracht, de wereld, die de taal ontsluit. In de woorden van Joseph Church:

> Taal opent nieuwe perspectieven en nieuwe mogelijkheden voor het leren en voor andere activiteiten, waarbij eerdere ervaringen overheerst en getransformeerd worden [...] Taal is niet zomaar een van de vele functies [...] maar een zodanig alles-doordringend kenmerk van het individu dat we kunnen spreken van een *verbaal organisme* (waarvan alle ervaringen en activiteiten en concepties nu in het licht komen te staan van een verbale of symbolische ervaring).
>
> Taal transformeert de ervaring [...] Door taal [...] kan het kind een puur symbolische wereld worden binnengeleid van verleden en toekomst, van verre oorden, van ideële relaties of hypothetische gebeurtenissen, het rijk van de verbeelding, van sprookjesfiguren, uiteenlopend van weerwolven tot pi-mesonen [...]
>
> Tegelijkertijd wordt het individu door het leren

doofheid). Deze tweeling, hoewel van normale, zelfs hoge intelligentie, functioneerde op een zeer primitieve manier – hun spel was repetitief en oncreatief. Ze hadden enorme moeilijkheden met het doordenken van problemen, met plannen maken en zich complexe handelingen voor te stellen. Er was, in de woorden van Luria, sprake van 'een eigenaardige, onvolledig gedifferentieerde bewustzijnsstructuur, [met een onvermogen] om woorden los te maken van handelingen, om te oriënteren, om activiteiten te plannen [...] om doelstellingen of activiteiten te formuleren met behulp van spraak'.

Toen de tweeling gescheiden werd en ze ieder een normaal taalsysteem verwierven, 'veranderde de hele denkstructuur van beide kinderen abrupt en tegelijkertijd [...] en na drie maanden al constateerden we een begin van betekenisvol spel [...] de mogelijkheid van produktieve, constructieve activiteit in het licht van expliciete doelstellingen [...] intellectuele manipulaties die tot voor kort nog in het allereerste beginstadium verkeerden [...]'.

van taal zodanig veranderd dat het zelf nieuwe dingen kan doen, of oude dingen op een nieuwe manier. Taal stelt ons in staat de dingen van een afstand te behandelen, ze te manipuleren zonder ze aan te raken. Ten eerste kunnen we daardoor andere mensen bewerken en via andere mensen objecten [...] Ten tweede kunnen we symbolen manipuleren op een manier die onmogelijk is voor de dingen die ze betekenen, en zo bij nieuwe en zelfs creatieve versies van de werkelijkheid uitkomen [...] Wij kunnen verbaal toestanden veranderen die van zichzelf moeilijk te veranderen zijn [...] we kunnen kenmerken isoleren die niet te isoleren zijn [...] we kunnen voorwerpen en gebeurtenissen die in de ruimte en in de tijd ver van elkaar verwijderd zijn bij elkaar brengen [...] we kunnen, als we willen, het heelal symbolisch binnenstebuiten keren.[1]

Wij kunnen dat, maar Joseph kon dat niet. Joseph kon het symbolische niveau niet bereiken dat voor elk menselijk wezen een geboorterecht is. Hij leek, als een dier of als een klein kind, vastgenageld aan het heden, beperkt tot letterlijke en onmiddellijke waarneming, hoewel hij zich dat realiseerde met een bewustzijn dat geen enkel klein kind heeft.

Al deze 'kardinale verbeteringen' (zoals Luria ze noemt), verbeteringen niet alleen in intellectueel functioneren, maar in het hele wezen van de kinderen, 'konden we alleen toeschrijven aan de invloed van die ene factor die was veranderd – de verwerving van een taalsysteem'.

Luria en Yudovich spreken ook over de handicaps van de taalloze doven: '*De doofstomme die niet heeft leren spreken [...] beschikt niet over al die vormen van denken die door taal gerealiseerd worden [...] [Hij] duidt voorwerpen of activiteiten aan met een gebaar; hij is niet in staat abstracte denkbeelden te vormen, om de verschijnselen van de buitenwereld te systematiseren met behulp van de abstracte signalen van de taal die niet van nature vervat zijn in de visuele, praktische ervaring.*' (Zie Luria en Yudovich, 1968, pp. 120–123.)

Het is te betreuren dat Luria kennelijk geen ervaring had met doven die vloeiend taal hadden geleerd, want dan zou hij ons onvergelijkelijke beschrijvingen hebben gegeven van de verwerving van conceptuele en systematiserende vermogens *met* taal.

Ik begon me af te vragen hoe het zat met andere doven die de puberteit, misschien zelfs de volwassenheid, hadden bereikt zonder enige taal te leren. In de achttiende eeuw waren er daar behoorlijk veel van: Jean Massieu was wel de bekendste. Bijna tot aan zijn veertiende bleef hij taalloos, waarna hij leerling werd van Abbé Sicard en een aanzienlijk succes boekte: hij leerde zowel vloeiend gebarentaal als geschreven Frans. Massieu zelf schreef een korte autobiografie en Sicard schreef een heel boek over hem: over hoe de taallozen 'bevrijd' kunnen worden en een nieuwe zijnsvorm binnentreden.[2] Massieu beschreef hoe hij opgroeide op een boerderij met acht broers en zusters, van wie vijf net als hij doof geboren:

> Tot de leeftijd van dertien jaar en negen maanden woonde ik thuis zonder ooit enig onderwijs te ontvangen. Ik was volslagen ongeletterd. Ik uitte mijn gedachten door middel van tekens en gebaren [...] de tekens die ik gebruikte om mijn gedachten aan mijn familie kenbaar te maken waren heel verschillend van de tekens van ontwikkelde doofstommen. Vreemden konden onze tekens niet verstaan, maar de buren wel [...] Kinderen van mijn leeftijd wilden niet met mij spelen, ze keken op me neer, ik was als een hond. Ik bracht mijn tijd alleen door, met steltlopen of spelen met een tol of een bal en een slaghout.

Het is niet helemaal duidelijk hoe Massieu innerlijk in elkaar zat, aangezien hij geen volwaardige taal beheerste (hoewel hij wel kon communiceren op het primitieve niveau van de 'zelfgemaakte tekens' die hij met zijn dove broers en zusters had bedacht en die een complex maar vrijwel grammaticaloos gebarensysteem vormden).* Hij schrijft:

* In 1977 begonnen S. Goldin-Meadow en H. Feldman video-opnamen te maken van een groep zwaar dove kleuters die geïsoleerd waren van andere gebarentaalgebruikers omdat hun ouders wilden dat ze leerden spreken en liplezen (Goldin-Meadow en Feldman, 1977). Ondanks hun isolement en de sterke aandrang van hun ouders om te leren spreken begonnen de kinderen

> Ik zag koeien, paarden, ezels, varkens, honden, katten, planten, huizen, velden, wijnstokken en nadat ik ze gezien had onthield ik ze goed.

Hij had ook een idee van getallen, ook al had hij er geen namen voor:

> Voordat ik onderwijs kreeg, wist ik niet hoe ik moest tellen; mijn vingers hadden het me geleerd. Ik kende geen getallen; ik telde op mijn vingers en als ik boven de tien kwam, maakte ik kerven in een stok.

En hij vertelt, zeer aangrijpend hoe hij andere kinderen benijdde die naar school gingen, hoe hij boeken inkeek maar er geen touw aan vast kon knopen en hoe hij probeerde de letters van het alfabet over te schrijven met een ganzeveer, vaag vermoedend dat ze een of andere geheimzinnige kracht bezaten maar niet in staat er enige betekenis aan te hechten.

Sicards verslag van Massieus opvoeding is fascinerend. Hij zag (zoals ik ook bij Joseph had gezien) dat Massieu een goede opmerkingsgave had en hij begon tekeningen van voorwerpen te maken en vroeg Massieu hetzelfde te doen. Daarna volgde de introductie van taal: Sicard schreef de namen van de voorwerpen op de tekeningen. In het begin stond zijn leerling 'volslagen voor raadsels. Hij had er geen idee van hoe lijnen die niets voorstelden konden fungeren als beelden van voorwerpen en deze nauwkeurig en onmiddellijk konden identificeren'. Toen, plotseling, kreeg Massieu het door, hij begreep het idee van een abstracte, symbolische representatie: 'op dat moment leerde [hij] het hele voordeel en de hele moeilijkheid van schrijven [...] [en] van toen af aan werd het tekenen uitgebannen en vervingen we het door schrijven.'

gebaren te verzinnen – eerst aparte tekens, vervolgens hele reeksen – voor mensen, voorwerpen, activiteiten. Datzelfde gebeurde met Massieu en anderen in de achttiende eeuw. De 'zelfgemaakte tekens' die zowel Massieu als deze geïsoleerde kleuters ontwikkelden, zijn eenvoudige gebarensystemen, die soms een rudimentaire en zeer beperkte syntaxis en morfologie

Nu Massieu begreep dat naar een voorwerp of een beeld verwezen kon worden met een *naam*, kreeg hij een geweldige, woeste honger naar namen. Sicard geeft prachtige beschrijvingen van hoe ze samen wandelingen maakten en Massieu van alles wat ze zagen de naam vroeg of die zelf noemde:

> We bezochten een boomgaard om alle vruchten te benoemen. We gingen naar een bos om de eik van de iep te onderscheiden [...] de wilg van de populier, en ten slotte al de andere bosbewoners [...] Hij had niet genoeg leien en griffels voor alle namen waarmee ik zijn woordenboek vulde, en zijn ziel leek uit te dijen en te groeien door deze talloze benoemingen [...] Massieus bezoeken waren als die van een landeigenaar die zijn domein voor het eerst ziet.

Met het verwerven van namen, van woorden voor alles, kwam er naar het gevoel van Sicard een radicale verandering in Massieus relatie tot de wereld – hij was als Adam geworden: 'Deze nieuwkomer op aarde was een vreemdeling op zijn eigen grondgebied, dat hem weer eigen werd doordat hij alle namen die erbij hoorden leerde.'

hebben; ze maken echter niet de overgang, de sprong naar volledige grammaticaliteit, zoals wel gebeurt met kinderen die echte gebarentaal krijgen aangeboden.

Soortgelijke observaties zijn gedaan bij geïsoleerde dove volwassenen – bijvoorbeeld van een dove man op de Solomon Eilanden, de eerste in vierentwintig generaties (Kuschel, 1973). Ook zij construeren gebarensystemen met een eenvoudige syntaxis en morfologie waarmee ze vitale behoeften en gevoelens kunnen uitdrukken – maar *uit zichzelf* kunnen ze de kwalitatieve sprong van zo'n gebarensysteem naar een compleet, volledig gegrammatiseerd linguïstisch systeem niet maken.

We zien hier, zoals Carol Padden en Tom Humphries opmerken, aangrijpende pogingen om in de tijd van een mensenleven een taal te ontwikkelen. En dat kan niet, omdat daarvoor een kind nodig is, de hersenen van een kind, die worden blootgesteld aan een natuurlijke taal. Pas dan kan een natuurlijke taal worden gecreëerd en aan volgende generaties doorgegeven, pas dan kan ze evolueren. Gebarentalen zijn dus *historische* creaties die minstens twee generaties nodig hebben om te kunnen ontstaan. Gebarentaal kan in de loop der tijd rijker worden, evolueren, zoals het geval was met de gebarentaal van Martha's Vineyard, maar twee generaties is *voldoende*.

We kunnen ons afvragen: Waarom vroeg Massieu al die namen? Of waarom deed Adam dat, ook al was hij alleen? Waarom schiep Massieu zo'n plezier in het benoemen en waarom werd zijn ziel er voller van? Hoe veranderden ze zijn relatie tot de dingen die voorheen voor hem naamloos waren, zodat hij nu het gevoel had dat hij ze bezat, dat ze zijn 'domein' waren geworden? Waar *dienen* namen voor? Het antwoord op al die vragen heeft ongetwijfeld te maken met de oerkracht van woorden: definiëren, opsommen, beheersing en manipulatie mogelijk maken, de overgang van het rijk van voorwerpen en beelden naar de wereld van concepten en namen. Een tekening van een eik stelt een bepaalde boom voor, maar de naam 'eik' slaat op de hele klasse van eikebomen, een algemene identiteit – 'eikheid' – die op alle eiken van toepassing is. Benoemen was dus voor Massieu op zijn wandelingen door de bossen de eerste kennismaking met een generaliserende kracht die de hele wereld kon transformeren. Zo klom hij, op veertienjarige leeftijd, op naar de rang van mens, kon hij de wereld als thuis ervaren, als zijn 'domein', op een manier die hij nooit eerder gekend had.*

We zien hetzelfde bij spraak. Wanneer twee gemeenschappen met een verschillende taal bijeenkomen en met elkaar moeten communiceren, ontwikkelen ze eerst een geïmproviseerde, grammaticaloze pidgintaal. De grammatica doet pas de volgende generatie zijn intrede, wanneer kinderen met de pidgintaal opgroeien en er een rijke en volledige gegrammatiseerde creooltaal ontstaat. Dat is tenminste de stelling van de linguïst Derek Bickerton (zie Restak, 1988, pp. 216–217).

Het lijkt duidelijk dat het grammaticale potentieel aanwezig – explosief aanwezig – is in de hersenen van elk kind en dat het elke kans aangrijpt om zich te manifesteren en te actualiseren. Dat is vooral duidelijk in het geval van dove kinderen die geïsoleerd zijn geweest en ten slotte een *Aha-Erlebnis* kregen als ze met gebarentaal in aanraking kwamen. In dat geval kan zelfs een kortstondig contact met een volledig gegrammatiseerde gebarentaal voldoende zijn om een enorme en zich snel verbreidende verandering in gang te zetten. Een glimp van een subject/object-onderscheid of een zinsconstructie kan de latente grammaticale vermogens van de hersenen in werking stellen en deze plotseling doen oplaaien, waardoor het gesticulatiesysteem zeer snel wordt omgezet in een echte taal. Er is een zeer streng isolement voor nodig om te voorkomen dat dit proces plaatsvindt.

* Massieus opgetogen benoemen van bomen en andere planten was een hulpmiddel om ze te definiëren in unieke *perceptuele* categorieën ('dit is een

L.S. Vygotsky schrijft:

> Een woord verwijst niet naar een enkel voorwerp maar naar een groep of klasse van voorwerpen. Elk woord is daarom al een generalisatie. Generaliseren is een verbale denkdaad en weerspiegelt de werkelijkheid op een heel andere manier dan zintuiglijke indrukken.[3]

Verder spreekt hij van de 'dialectische sprong' van perceptie naar denken, een sprong die 'een *abstracte* reflectie van de werkelijkheid [vereist], die tevens de essentie van de woordbetekenis is'.*

Zo kwamen voor Massieu namen, naamwoorden, nomina op de eerste plaats. Ook kwalificerende bijvoeglijke naamwoorden waren nodig, maar die leverden problemen op.

eik, dit is "eikheid"!'), maar niet om ze *conceptueel* te definiëren ('Ha, een gymnosperm!', of: 'Ha, weer een kruisbloemige!). En veel van die 'natuurlijke' categorieën waren hem natuurlijk al bekend. Er waren meer moeilijkheden met onbekende voorwerpen die geen deel uitmaakten van zijn vroegere perceptuele wereld. Bij Massieu kun je dit tussen de regels door lezen, en bij Victor, het *enfant sauvage* van Aveyron, was het absoluut duidelijk. Itard, Victors leraar, leerde hem bijvoorbeeld het woord 'boek' en dit vatte hij in eerste instantie op als een *bepaald* boek; dezelfde fout herhaalde zich met andere woorden, die hij allemaal interpreteerde als verwijzingen naar een bepaald voorwerp, niet als categorienamen. Sicard confronteerde Massieu eerst met beelden en leidde hem vervolgens naar (wat Lévy-Bruhl, in zijn studies van het primitieve denken, noemt) 'beeldconcepten'. Dergelijke concepten zijn noodzakelijk, vooral omdat generieke beelden onmogelijk zijn.

* L.S. Vygotsky werd in 1896 in Wit-Rusland geboren en publiceerde als jongeman een opmerkelijk boek over de psychologie van de kunst. Vervolgens hield hij zich bezig met theoretische psychologie en produceerde in tien jaar, tot aan zijn dood (hij stierf aan tbc toen hij 38 jaar oud was), een uniek oeuvre dat door de meesten van zijn tijdgenoten (onder wie Piaget) beschouwd werd als buitengewoon origineel, zo niet geniaal. Vygotsky beschouwde de ontwikkeling van taal en van de mentale vermogens niet als aangeleerd op de gewone manier en ook niet als epigenetische verschijnselen, maar als sociale en middellijke functies die ontstaan uit de interactie tussen volwassenen en kinderen, en als een mechanisme om het culturele instrument taal te internaliseren voor de ondersteuning van denkprocessen.

Zijn werk wekte veel achterdocht bij marxistische ideologen en zijn boek *Mysjlenië i Retsj* ('Denken en Taal'), dat in 1934 postuum verscheen, werd

> Massieu wachtte niet op de bijvoeglijke naamwoorden, maar maakte gebruik van namen van voorwerpen die als saillante eigenschap het kenmerk bezaten dat hij aan andere voorwerpen wilde toekennen [...] Om de snelheid van een van zijn kameraden in een hardloopwedstrijd uit te drukken zei hij: 'Albert is *vogel*'; om kracht uit te drukken zei hij: 'Paul is *leeuw*'; voor zachtaardigheid zei hij: 'Deslyons is *lam*'.

Sicard stond dit aanvankelijk toe en moedigde het zelfs aan, maar toen begon hij 'met tegenzin' bijvoeglijke naamwoorden in te lassen ('zachtaardig' voor 'lam', 'zoet' voor 'tortelduif'): 'Ik troostte hem voor de dingen die ik hem afnam [...] [en legde hem uit] dat de nieuwe woorden die ik hem gaf [gelijkwaardig] waren aan de woorden die hij moest laten varen.'*

verboden en een paar jaar later als 'anti-marxistisch', 'anti-Pavlov' en 'anti-Sovjet' gekwalificeerd. Over zijn werk en theorie mocht niet meer in het openbaar worden gesproken, maar zijn leerlingen en collega's – A.R. Luria en A.N. Leontev – hielden het in ere. Op latere leeftijd schreef Luria dat zijn ontmoeting en kennismaking met een genie als Vygotsky de belangrijkste gebeurtenis in zijn leven was geweest – en vaak beschouwde hij zijn eigen werk als 'louter een voortzetting' van dat van Vygotsky. Het was grotendeels te danken aan het manmoedige werk van Luria (want ook hij werd verschillende keren in de ban gedaan en tot *innere Emigration* gedwongen) dat aan het eind van de jaren vijftig *Mysjlenië i Retsj* opnieuw werd uitgegeven (in het Russisch en in het Duits).

In 1962 verscheen eindelijk een Engelse vertaling (*Thought and Language*) met een voorwoord van Jerome Bruner. Bruners eigen werk was duidelijk door Vygotsky beïnvloed – zijn boeken uit de jaren zestig (met name *Towards a Theory of Instruction*) zijn overduidelijk Vygotskyaans van toon. Vygotsky was zijn tijd, de jaren dertig, zo ver vooruit, dat een tijdgenoot hem beschreef als een 'bezoeker uit de toekomst'. Maar in de afgelopen twintig jaar zijn zijn denkbeelden steeds meer gaan fungeren als theoretische onderbouwing van belangrijke studies over de ontwikkeling van taal en denken (en dus de opvoeding) bij kinderen – met name de studies van Schlesinger en van David en Heather Wood, die gericht waren op dove kinderen. Pas nu, aan het eind van de jaren tachtig, worden Vygotsky's verzamelde werken in het Engels vertaald, wederom onder redactie van Jerome Bruner.

* Na zijn vrijlating uit de taalloosheid van een jarenlange opsluiting in een kerker (zie verderop in dit hoofdstuk), had Kaspar Hauser aanvankelijk ook

Persoonlijke voornaamwoorden gaven ook problemen. 'Hij' werd eerst als eigennaam opgevat, 'ik' en 'jij' werden door elkaar gehaald (zoals kleine kinderen vaak doen). Maar ten slotte begreep Massieu ze. Proposities waren bijzonder moeilijk, maar toen hij ze eenmaal doorhad werden ze met explosieve kracht toegepast, zodat Massieu zich plotseling in staat zag (in de woorden van Hughlings-Jackson) tot 'propositioneren'. Meetkundige abstracties – onzichtbare constructies – waren het moeilijkst van al. Massieu kon gemakkelijk vierkante vormen bij elkaar leggen, maar het was iets heel anders voor hem om 'vierkant' als een meetkundige constructie te bevatten, om het *idee* van een vierkant te begrijpen.* Dit wekte in het bijzonder Sicards enthousiasme op: 'Abstractie is bereikt! Weer een stap verder! Massieu begrijpt abstracties!' riep hij opgetogen uit. 'Hij is een menselijk wezen.'

*

Verscheidene maanden nadat ik Joseph had ontmoet herlas ik toevallig de geschiedenis van Kaspar Hauser, zoals opgetekend door Anselm von Feuerbach, onder de oorspronkelijke titel: *Kaspar Hauser, Beispiel eines Verbrechens am Seelen des*

de neiging om zulke metaforen te gebruiken, een soort natuurlijke, naïeve, kinderlijke poëzie... die hij van zijn leraar, Von Feuerbach, 'moest afleren.' We zien in de geschiedenis van veel volkeren en culturen in het begin ook zo'n 'primitieve' poëtische taal, die vervolgens vervangen wordt door meer analytische, abstracte termen. Soms heb je het gevoel dat ze er evenveel bij verliezen als winnen.

Zo schrijft ook Lévy-Bruhl dat de Tasmaniërs 'geen woorden hadden om abstracte ideeën aan te duiden [...] eigenschappen zoals, hard, zacht, rond, lang, kort, enzovoort konden ze niet uitdrukken. Als ze hard bedoelden zeiden ze: als een steen; lang was: grote benen; rond: als een bal, als de maan; enzovoort, en altijd gingen hun woorden vergezeld van gebaren om datgene wat ze beschreven voor de ogen van de hoorder zichtbaar te maken' (Lévy-Bruhl, 1966). Dit doet denken aan Massieu toen hij taal leerde – hij zei bijvoorbeeld ook: 'Albert is vogel', 'Paul is leeuw', voordat hij generieke adjectieven leerde of erop overschakelde.

* De geschriften van Sicard herinneren aan Plato's theorie van ideeën en opvoeding, met name die welke hij ontvouwt in *Kratylos* en *Meno*. Eerst, zegt Plato, moet je echte stoelen of vierkanten zien – allerlei soorten rechthoekige

*Menschen.** Hoewel Kaspars situatie veel grotesker en extremer was, deed hij me toch op een bepaalde manier aan Joseph denken. Kaspar, een jongen van ongeveer zestien, werd op een dag in 1828 in Neurenberg aangetroffen, strompelend over straat. Hij had een brief bij zich waarin iets over zijn vreemde levensgeschiedenis werd verteld: hoe hij door zijn moeder was afgestaan aan een dagloner met tien kinderen toen hij zes maanden oud was – ze had geen geld en haar man was dood. Om redenen die nooit werden opgehelderd sloot deze stiefvader Kaspar op in een kelder – hij werd in zittende houding geketend en kon niet staan – waar hij twaalf jaar lang verbleef zonder enig menselijk contact. Als hij verschoond moest worden of zijn behoefte moest doen, deed zijn vadercipier opium in zijn eten en verrichtte de noodzakelijke handelingen terwijl Kaspar zijn narcoticaslaap sliep.

Toen hij 'in de wereld kwam' (deze uitdrukking werd vaak door Kaspar gebruikt om 'zijn eerste intrede in Neurenberg en zijn eerste mentale ontwaking en bewustwording van gedachten te beschrijven'), leerde hij snel 'dat er andere mensen en andere wezens bestonden' en vrij snel – het duurde een paar maanden – taal. Deze aanraking met menselijk contact, dit ontwaken in een wereld van gemeenschappelijke betekenissen, van taal, leidde tot een plotseling en briljant

(of andersoortige) voorwerpen – pas dan kan het idee 'vierkant' ontstaan, het archetypische of ideëele vierkant waarvan alle andere vierkanten louter afbeeldingen zijn. In *Meno* wordt een onwetende en ongeletterde jongeman in de waarheden van de meetkunde ingewijd, hij wordt langzaam naar steeds hogere niveaus van abstractie geleid met behulp van de vragen van een leermeester die hem steeds een stap voor is en die hem door de vorm van zijn vragen vooruit helpt. Voor Plato is taal, kennis, epistemologie aangeboren – elk leren is in wezen 'herinneren' – maar dat kan alleen gebeuren met hulp van een ander, een middelaar, door middel van de dialoog. Sicard, een geboren leraar, *instrueerde* Massieu niet echt, hij lokte hem uit zijn tent, hij *onderwees* hem de weg door middel van zo'n dialoog.

* Ansbach, 1832. In 1834 verscheen een Engelse vertaling onder de titel *Caspar Hauser, An account of an individual kept in a dungeon, separated from all communication with the world, from early childhood to about the age of seventeen.* Het boek is onderwerp geweest van talloze essays, artikelen, boeken, een film van Werner Herzog en een opmerkelijk psychoanalytisch essay van Leonard Shengold, opgenomen in het boek *Halo in the Sky*.

ontwaken van zijn hele geest en ziel. Er volgde een geweldige opbloei van geestelijke vermogens – alles wekte zijn verwondering en vreugde, zijn nieuwsgierigheid kende geen grenzen, hij had een brandende interesse in alles, hij 'was verliefd op de wereld'. (Zo'n wedergeboorte, een psychologische geboorte, zoals Leonard Shengold zegt, is slechts een bijzondere, overdreven, haast explosieve vorm van wat normaal in het derde levensjaar gebeurt, als het kind de taal ontdekt en in zich voelt groeien.[4]) Kaspar toonde in het begin een geweldig vermogen tot waarnemen en onthouden, maar dat waarnemen en onthouden gold alleen feitelijkheden – hij leek zowel briljant als niet in staat tot abstract denken. Maar naarmate hij taal leerde, verwierf hij het vermogen tot generaliseren en verplaatste zich daarmee van een wereld van talloze losstaande feitelijkheden naar een samenhangende, intelligibele en intelligente wereld.

Deze plotselinge, exuberante explosie van taal en intelligentie is in wezen hetzelfde als wat er met Massieu gebeurde – dat gebeurt er met de ziel en de geest wanneer ze van kinds af aan opgesloten zijn geweest (zonder volledig vernietigd te zijn) en de deuren van de gevangenis plotseling worden opengegooid.*

*

Gevallen zoals dat van Massieu moeten veel talrijker zijn geweest in de achttiende eeuw, toen er nog geen leerplicht bestond. Maar ze komen ook nu nog voor, waarschijnlijk

* Maar soms gebeurt het ook niet. Een hedendaags *enfant sauvage*, een meisje dat Genie heette, werd in 1970 in Californië gevonden. Ze was thuis gevangen gehouden (door haar psychotische vader) en had nooit iemand horen praten (zie Curtiss, 1977). Ondanks intensieve training verwierf Genie maar een klein beetje taal – een paar woorden voor alledaagse voorwerpen, maar niet het vermogen om vragen te stellen, en slechts een rudimentaire grammatica (zie p. 128). Waarom deed Kaspar het zo goed en Genie zo slecht? Het antwoord is misschien eenvoudig dat Kaspar al een beetje taal had geleerd, het taalvermogen had van een driejarige voordat hij opgesloten werd, terwijl Genie vanaf de leeftijd van twintig maanden totaal geïsoleerd was geweest. Dat ene jaar kan inderdaad zo'n groot verschil

vooral in geïsoleerde plattelandsgebieden, of in gevallen waarbij het kind op jonge leeftijd verkeerd werd gediagnosticeerd en in een inrichting geplaatst.*

In november 1987 kreeg ik in dit verband een opvallende brief van Susan Schaller, een doventolk en academica uit San Francisco:

> Momenteel ben ik bezig met het schrijven van de geschiedenis van een zevenentwintigjarige prelinguaal dove man die erin slaagde taal te leren. Hij was doof geboren en nooit in aanraking geweest met taal, ook niet met gebarentaal. Deze leerling van mij, die zevenentwintig jaar lang nooit met een ander menselijk wezen had gecommuniceerd (buiten concrete en functionele mime-achtige uitdrukkingen), wist op verbazende wijze deze 'eenzame opsluiting' te overleven zonder depersonalisatie.[5]

Ildefonso werd geboren op een boerderij in Zuid-Mexico. Hij en zijn doofgeboren broer waren de enige doven in zijn familie en in het hele dorp; ze hadden nooit onderwijs gehad en waren nooit in aanraking geweest met gebarentaal. Hij werkte als seizoenarbeider en reisde steeds samen met familieleden de Verenigde Staten in en uit. Hij was opgewekt van aard, maar wezenlijk afgezonderd, omdat hij vrijwel niet met anderen kon communiceren (behalve door middel van wat primitieve gebaren). Toen Schaller voor het eerst met Ildefonso in contact kwam, leek hij alert en levendig, maar ook

maken: dat zie je bijvoorbeeld bij kinderen die zesendertig of vierentwintig maanden na de geboorte plotseling doof worden.

* In januari 1982 willigde een rechtbank in New York een schadeclaim van twee en een half miljoen dollar in van 'een zeventienjarige dove jongen die op tweejarige leeftijd als "imbeciel" was gediagnostiseerd en bijna tot zijn elfde in een zwakzinnigengesticht had gezeten. Op die leeftijd werd hij naar een andere inrichting overgeplaatst, waar een standaard psychologisch onderzoek aan het licht bracht dat hij "ten minste een normale intelligentie" had.' Dit geval wordt vermeld door Jerome D. Schein (Schein, 1984). Waarschijnlijk komt dit soort zaken vaker voor – een soortgelijk geval werd gerapporteerd door de *New York Times* van 11 december 1988 (p. 81).

bang en in de war en op de een of andere manier verlangend en zoekend – ongeveer zoals Joseph. En net als Joseph was hij erg oplettend ('hij houdt alles en iedereen in de gaten') – maar, als het ware, van buitenaf geboeid door, maar niet deelhebbend aan de innerlijke wereld van taal. Toen Schaller hem in gebarentaal vroeg: 'Hoe heet je?', deed hij haar gebaren gewoon na; dat was alles wat hij in het begin kon, zonder te begrijpen dat het *tekens* waren.

Schaller probeerde Ildefonso gebarentaal te leren, maar hij ging voort met alle bewegingen en geluiden die ze maakte te herhalen, zonder te beseffen dat ze een 'innerlijk', een betekenis, hadden – de mogelijkheid bestond dat hij nooit verder dan deze 'mimetische echolalie' zou komen, dat hij nooit de wereld van denken en taal zou betreden. En toen, vrij plotseling en onverwacht, gebeurde het op een dag. De eerste doorbraak bij Ildefonso kwam interessant genoeg met getallen. Plotseling begreep hij wat ze waren, hoe je ze moest behandelen, begreep hij hun *betekenis*, en dit veroorzaakte een soort intellectuele explosie, een binnen een paar dagen begrijpen van de principes van rekenkunde. Hij had nog steeds geen notie van taal (rekenkundige symbolen zijn waarschijnlijk geen taal, hebben geen verwijzing zoals woorden die hebben). Maar het begrijpen van getallen, de abstracte rekenkundige bewerkingen, bracht zijn denken op gang, creëerde een domein van orde in de chaos en wees hem voor het eerst de weg naar begrip en hoop.*

De echte doorbraak kwam op de zesde dag, na honderden, duizenden herhalingen van gebaren, met name van het gebaar voor 'kat'. Plotseling was het geen beweging meer die

* Toen ik over een tweeling schreef die rekenwonders waren ('De tweeling' in Sacks, 1985), over hun buitengewone handigheid met getallen, hun 'numericiteit', vroeg ik me af of er in hun hersenen niet 'een diepe rekenkunde is, zoals door Gauss beschreven [...] net zo [...] als de diepe syntaxis en de generatieve grammatica van Chomsky'. Toen ik hoorde van Ildefonso's plotselinge begrip van getallen, zijn plotselinge 'zien' van rekenkundige regels, moest ik onwillekeurig denken aan de tweeling en ik vroeg me af of hij niet ook bezeten was van een aangeboren, organische rekenkunde, die van het ene moment op het andere door een getalsmatige prikkel werd opgewekt of bevrijd.

hij herhaalde, maar een betekenisvol teken dat gebruikt kon worden als symbool voor een concept. Dit moment van inzicht was intens opwindend en leidde tot een nieuwe intellectuele explosie, deze keer niet van iets zuiver abstracts (zoals de principes van rekenkunde), maar van het begrip en de betekenis van de wereld:

> Zijn mond valt open, zijn gezicht straalt van opwinding [...] eerst langzaam, dan gulzig zuigt hij alles in zich op alsof hij het nooit eerder gezien heeft: de deur, het prikbord, stoelen, tafels, de leerlingen, de klok, het groene schoolbord en mij [...] Hij is de wereld der menselijkheid binnengetreden, hij heeft de gemeenschap van geesten gevonden. Hij weet nu dat hijzelf en de kat en de tafel namen hebben.

Schaller vergelijkt Ildefonso's 'kat' met het 'water' van Helen Keller – het eerste woord, het eerste teken dat tot alle andere leidt, dat de gevangen geest en intelligentie bevrijdt.

Dit moment en de daarop volgende weken waren voor Ildefonso een tijd waarin hij zich tot de wereld wendde met een geestdriftige nieuwe aandacht, een ontwaken, een wedergeboorte in de wereld van denken en taal, na tientallen jaren een louter perceptueel bestaan te hebben geleid. De eerste twee maanden waren – voor hem, evenals voor Massieu – bovenal maanden van benoemen, van de wereld definiëren en van een volslagen nieuwe relatie met de wereld. Maar net als bij Kaspar Hauser bleven er opvallende problemen: in het

Vervolgens schreef Schaller me inderdaad over een vierenvijftigjarige prelinguaal dove man die geen taal kende, maar die behoorlijk kon rekenen en die altijd een rekenboek voor de lagere school bij zich had dat hij op de eigenlijke getallen en sommen na niet kon lezen. De man was twee keer zo oud als Ildefonso en leerde na zijn vijftigste nog gebarentaal – Schaller vraagt zich af of zijn rekenkundige begaafdheid daarbij misschien had geholpen.

Zo'n rekenkundige begaafdheid kan misschien als model, of primordium, dienen voor de ontwikkeling van een taalvermogen kort (of lang) daarna: het ene Chomskyaanse vermogen dat het ontstaan van het andere vergemakkelijkt.

bijzonder, schrijft Schaller, 'was tijdsbegrip voor hem onmogelijk te bevatten: tijdeenheden, grammaticale tijden, tijdsrelaties, en het idee alleen al van de tijd opdelen in gebeurtenissen – het duurde maanden eer hij het leerde', en die problemen werden maar langzaam opgelost.

Nu, verscheidene jaren later, heeft Ildefonso vrij vloeiend gebarentaal geleerd, hij heeft andere doven ontmoet en is lid geworden van hun taalgemeenschap. Daarmee heeft hij, zoals Sicard zei, 'een nieuw wezen' gekregen.

*

Joseph en Ildefonso zijn in hun taalloosheid extreme (maar verhelderende) voorbeelden: vrijwel alle prelinguale doven verwerven wel *een beetje* taal in hun kindertijd, hoewel vaak laat en zeer verminkt. Er is een brede scala van taalbeheersing onder de doven: Joseph en Ildefonso vertegenwoordigen één uiteinde van het spectrum. Ik kon Joseph onmogelijk een vraag stellen – en dit soort taalgebrek is waarschijnlijk wijd verbreid onder dove kinderen, zelfs onder kinderen die aardig goed gebarentaal kennen. Hier volgt een belangrijke observatie van Isabelle Rapin:

> Door aan [dove] kinderen te vragen wat ze gelezen hadden, kwam ik erachter dat velen van hen een eigenaardig taalgebrek hebben. Ze hebben geen middel om een vraag uit te drukken. Het punt is niet dat ze het antwoord op de vraag niet weten, maar dat ze de vraag niet begrijpen [...] Ik vroeg eens aan een jongen: 'Wie wonen er allemaal bij je thuis?' (De vraag werd door zijn onderwijzer vertaald in gebaren.) De jongen keek me niet-begrijpend aan. Toen zag ik dat de onderwijzer de vraag opdeelde in een aantal mededelende zinnen: 'Bij jou thuis, jij, moeder...' Zijn gezicht klaarde op en hij maakte een tekening voor me van het huis waarin hij woonde met alle gezinsleden, inclusief de hond [...] Ik merkte steeds weer dat dovenonderwijzers moeite hadden om hun leerlingen vragen te stellen en

en deze vaak presenteerden in de vorm van onvolledige zinnen die de dove kinderen moesten aanvullen.[6]

Het is niet alleen de vragende vorm die opvallend ontbreekt bij doven – hoewel het ontbreken van de vragende vorm, zoals Rapin stelt, vooral desastreus is omdat het leidt tot gebrek aan informatie – het is het gebrek aan taalvaardigheid, ja zelfs taalbeheersing, dat zo opmerkelijk is bij prelinguaal dove schoolkinderen, een gebrek dat zowel lexicaal als grammaticaal is. Ik werd getroffen door de geringe woordenschat van veel kinderen op de school van Joseph, hun naïviteit, de concreetheid van hun denken, de moeite die ze hadden met lezen en schrijven, en hun onwetendheid van de wereld, een onwetendheid die onvoorstelbaar is bij een horend kind met een normale intelligentie. Mijn eerste gedachte was dan ook dat ze *geen* normale intelligentie hadden, maar een eigenaardige geestelijke handicap die met doofheid gepaard ging. En toch, verzekerde men mij en kon ik uit eigen waarneming vaststellen, waren deze kinderen niet geestelijk gebrekkig in de normale betekenis: ze hadden hetzelfde verstand als normale kinderen, maar hun intelligentie, of bepaalde aspecten daarvan, werd op de een of andere manier ondermijnd. En niet alleen hun intelligentie: veel van deze kinderen waren passief of verlegen, ze waren niet erg spontaan, ze hadden weinig zelfvertrouwen, ze waren niet op hun gemak – ze leken minder levendig, minder speels dan ze zouden moeten zijn.

Ik was ontsteld over wat ik zag op Josephs school, Braefield. Net als Joseph zelf is de school in bepaalde opzichten een extreem voorbeeld (hoewel in sommige opzichten verontrustend toonaangevend). De meeste leerlingen daar komen uit kansarme gezinnen met, behalve doofheid, veel armoede en werkloosheid en sociale ontworteling. En wat belangrijker is, Braefield is geen internaat meer: de kinderen moeten aan het eind van de schooldag naar huis, waar ze niet met hun ouders kunnen communiceren, waar de televisie, zonder ondertiteling, onbegrijpelijk voor hen is en waar ze geen basisinformatie over de wereld kunnen oppikken.

Op andere scholen heb ik dan ook een heel andere indruk gekregen. Op de California School for the Deaf in Fremont, waar de meeste leerlingen intern zijn, hebben de kinderen bijvoorbeeld een goede lees- en schrijfvaardigheid, vergelijkbaar met horende kinderen, terwijl de schoolverlaters van Braefield gemiddeld niet boven het niveau van een tienjarige uitkomen. De meeste kinderen in Fremont hebben een grote woordenschat, ze maken vlot gebaren, zijn nieuwsgierig en zitten vol vragen, praten (of, vaker: gebaren) volop en vrijmoedig en hebben een zelfvertrouwen en een weerbaarheid die ik in Braefield zelden ben tegengekomen. Het verbaasde me niet toen ik hoorde dat ze het in het voortgezet onderwijs zo goed deden (veel beter dan de gemiddelde dove met een onderwijsachterstand).

Vele factoren lijken hier werkzaam. Door de bank genomen komen de kinderen van Fremont uit stabielere gezinnen met een stabielere achtergrond. Een relatief groot percentage van de onderwijzers is zelf doof: Fremont is een van de weinige scholen in de Verenigde Staten die bewust dove leraren aanstellen – die hebben niet alleen gebarentaal als eerste taal geleerd, maar kunnen ook de cultuur van de doven en een positief zelfbeeld op de kinderen overbrengen. Dit is – en dat was zo totaal verschillend van wat ik in Braefield zag – voor alles een gemeenschap van kinderen die samen leven, samen gebaren, samen spelen, die hun leven, hun betekenissen met elkaar delen. En ten slotte is er een ongewoon groot aantal kinderen van dove ouders in Fremont – gewoonlijk maken die maar tien procent van het totaal uit. Aangezien ze van kleins af aan gebarentaal met de paplepel ingegoten krijgen, hebben deze kinderen nooit de tragedie gekend van noncommunicatie met hun ouders die zo vaak het lot is van totaal doven. In een internaat zijn deze 'moedertaalgebaarders' de voornaamste overbrengers van de wereld en de taal van de doven aan dove kinderen van horende ouders. Er is dus hier veel minder sprake van het soort isolement dat mij in Braefield zo opviel.

Als sommige dove kinderen het zo veel beter doen dan andere, in weerwil van hun ernstige doofheid, dan kan het niet doofheid als zodanig zijn die problemen veroorzaakt, maar moet het een van de *consequenties* van doofheid zijn – met name moeilijkheden met of verstoringen van de communicatie vanaf het allervroegste begin. Helaas kunnen we niet zeggen dat Fremont de regel is – Braefield is dat veel meer. Maar Fremont toont wel aan dat onder ideale omstandigheden dove kinderen heel wat kunnen presteren, en ook dat niet hun aangeboren intelligentie of taalvermogen te kort schiet, maar dat die in zijn normale ontwikkeling wordt gefrustreerd.

Een bezoek aan de Lexington School for the Deaf in New York gaf weer een ander beeld. Want de leerlingen hier, hoewel niet zo gedepriveerd als die van Braefield, missen toch het bijzondere voordeel van Fremont (namelijk een hoog percentage dove ouders en een grote dovengemeenschap). Toch zag ik veel (prelinguaal) dove adolescenten die volgens hun leraren als kind bijna taalloos, zonder enige taalbeheersing, waren geweest en die nu bijvoorbeeld even goed de natuurkundeles konden volgen en opstellen schrijven als horende kinderen. Deze kinderen waren gehandicapt geweest, met een grote kans om linguïstisch en intellectueel gestoord te worden, maar hadden – dank zij intensief onderwijs – uiteindelijk en ondanks alles toch een goede taalbeheersing en communicatieve vaardigheid verworven.

Wat uit de geschiedenissen van Joseph en Ildefonso en anderen naar voren komt is het dreigende gevaar dat zowel de intellectuele als de emotionele ontwikkeling van het individu gestoord wordt wanneer de normale, gezonde taalverwerving achterwege blijft. In extreme gevallen kan de taalverwerving volledig spaak lopen en heeft het individu totaal geen begrip van wat taal is. En taal, zoals Church ons voorhoudt, is niet zomaar een vaardigheid of een handigheid, maar is datgene wat denken mogelijk maakt, wat het denken van het niet-denken onderscheidt, wat de mens van de nietmens onderscheidt.

*

Wij kunnen ons geen van allen herinneren hoe we taal 'verwierven'; de beschrijving van Sint Augustinus is een wonderschone mythe.* En al evenmin wordt van ons verwacht dat wij als ouders onze kinderen taal 'leren' – dat leren ze vanzelf lijkt het wel, gewoon omdat ze kinderen zijn, onze kinderen, en doordat we mededelingen met hen uitwisselen.

Het is gebruikelijk onderscheid te maken tussen grammatica, betekenis en communicatieve intentie – de syntaxis, de semantiek, en de pragmatiek van taal – maar, houden Bruner en anderen ons voor, die gaan altijd samen bij het leren en gebruiken van taal en daarom moeten we niet taal maar taal*gebruik* bestuderen. Het *eerste* taalgebruik, de eerste communicatie, vindt gewoonlijk plaats tussen moeder en kind, en taal wordt geleerd, ontstaat, *tussen* die twee.

We worden geboren met onze zintuigen, die zijn 'natuurlijk'. We kunnen op natuurlijke wijze uit onszelf motorische vaardigheden aanleren. Maar we kunnen niet zelf taal leren: *die* vaardigheid behoort tot een unieke categorie. Het is onmogelijk taal te leren zonder een essentieel aangeboren vermogen, maar dat vermogen wordt alleen geactiveerd door een andere persoon die reeds over taalbeheersing en taalvaardigheid beschikt. Alleen door interactie (of, zoals Vygotsky zou zeggen, 'onderhandeling') met anderen wordt taal geleerd. (Wittgenstein schrijft in algemene termen over 'taalspelen' die we allemaal moeten leren, en Brown spreekt van 'het oorspronkelijke woordspel' dat door moeder en kind wordt gespeeld.)

* *'Wanneer zij (de volwassenen) een voorwerp benoemden en zich er naartoe keerden, zag ik dat en begreep dat het ding genoemd werd met de klanken die zij uitten als zij het wilden aanduiden. Dat zij dit wilden bleek uit hun lichaamsbewegingen: die zijn als het ware de natuurlijke taal van alle volkeren, een taal van gelaatsuitdrukkingen, van oogopslag, van de beweging van ledematen en van stemklank, waarmee de aandoeningen van de ziel worden uitgedrukt wanneer deze iets begeert, door iets in beslag wordt genomen, iets afwijst of zich aan iets onttrekt. Doordat ik de woorden steeds weer op hun juiste plaats in verschillende zinnen hoorde, leerde ik allengs welke dingen zij betekenden; en nadat ik mijn mond geoefend had in het vormen van deze tekens, gebruikte ik ze om mijn eigen wensen uit te drukken.'* (*Confessiones*, I, 8)

Wittgenstein schrijft: 'Nu kunnen we, geloof ik, zeggen dat Augustinus het leren van menselijke taal beschrijft alsof het kind in een vreemd land

De moeder – of de vader, of de onderwijzer, of eigenlijk iedereen die tegen het kind praat – leidt het kind stap voor stap naar hogere taalniveaus – ze leidt het de taal en het wereldbeeld binnen dat deze belichaamt (*haar* wereldbeeld, want het is haar taal, en verder natuurlijk het wereldbeeld van de cultuur waartoe zij behoort). De moeder moet altijd een stap vooruit zijn, in wat Vygotsky noemt 'de zone van proximale ontwikkeling'. Het kind kan het volgende stadium alleen bevatten of betreden in zoverre het door zijn moeder beheerst en aan hem doorgegeven wordt.

Maar de woorden van de moeder en de wereld die erachter schuil gaat zouden voor het kind geen betekenis hebben als ze niet correspondeerden met iets in zijn eigen ervaring. Het kind ervaart de wereld op zijn eigen manier door middel van zijn zintuigen en dit vormt de correlatie of confirmatie van zijn moeders taal en krijgt er op zijn beurt betekenis door. Het is de taal van de moeder, geïnternaliseerd door het kind, die het in staat stelt de stap te maken van perceptie naar betekenis, op te klimmen van een perceptuele naar een conceptuele wereld.

De sociale, emotionele en ook intellectuele wisselwerking begint op de eerste levensdag.* Vygotsky was hevig geïnteresseerd in deze prelinguale, pre-intellectuele stadia van het leven, maar zijn voornaamste belangstelling gold taal en denken en hoe die in de ontwikkeling van het kind te zamen komen. Vygotsky vergeet nooit dat taal altijd tegelijk een sociale en een intellectuele functie heeft, en tevens houdt hij

komt en de taal van dat land niet verstaat; dat wil zeggen: alsof het wel al een taal heeft, alleen niet deze. Of misschien ook: alsof het kind wel al kan *denken*, alleen nog niet spreken. En "denken" zou hier zoiets betekenen als "tegen zichzelf praten".' (*Philosophische Untersuchungen*, 1, 32)

* De cognitieve aspecten van dergelijke preverbale communicaties zijn specifiek bestudeerd door Jerome Bruner c.s. (zie Bruner, 1983). Bruner ziet in de preverbale interacties en 'conversaties' het algemene, archetypische patroon van alle verbale interacties, dialogen, die later zullen plaatsvinden. Als deze preverbale dialogen achterwege blijven, of spaak lopen, dan, zo denkt Bruner, wordt de kiem gezaaid voor ernstige problemen in de latere verbale communicatie. Dat is natuurlijk precies wat gebeuren kan – en ook gebeurt, als er geen preventieve maatregelen worden genomen – met dove

voortdurend de relatie in het oog tussen intellect en affect, het feit dat alle communicatie, alle denken ook emotie is en 'de persoonlijke behoeften en belangen, de neigingen en impulsen' van het individu weerspiegelt.

De consequentie van dit alles is dat wanneer de communicatie spaak loopt, dit invloed heeft op zowel de intellectuele ontwikkeling als op de ontwikkeling van taal, de sociale interactie en de emotionele attitudes. En dit is natuurlijk wat maar al te vaak kan gebeuren, en ook gebeurt, met doofgeboren kinderen. Zo luidt de eerste zin van het boek *Sound and Sign* van Hilde Schlesinger en Kathryn Meadow:

> Ernstige doofheid op jonge leeftijd is meer dan een lichamelijke aandoening, het is een cultureel fenomeen, waarin sociale, emotionele, linguïstische en intellectuele patronen en problemen onverbrekelijk met elkaar verbonden zijn.[7]

Aan Schlesinger en haar collega's hebben we de meest volledige en diepgaande observaties te danken van de problemen waarmee doven vanaf hun kindertijd tot aan de volwassenheid te kampen kunnen krijgen en hoe die problemen verband houden met de vroegste communicatie tussen moeder en kind (en later tussen onderwijzer en leerling) – een communicatie die maar al te vaak zeer gebrekkig is en te kort schiet. Schlesinger houdt zich voornamelijk bezig met de

kinderen die hun moeder niet kunnen horen en dus ook niet de geluiden die ze maakt tijdens de eerste preverbale communicaties.

David Wood, Heather Wood, Amanda Griffiths en Ian Howarth leggen in hun longitudinale studie van dove kinderen sterk de nadruk hierop (Wood et al., 1986). Ze schrijven: '*Stel je een dove baby voor met weinig of geen gewaarwording van geluid [...] Als hij een voorwerp of een gebeurtenis ziet vangt hij niets op van de "stemmingsmuziek" die de sociale ervaring van een horende baby begeleidt. Stel dat hij een voorwerp ziet en vervolgens kijkt naar een volwassene die zijn ervaring met hem 'deelt' door over het voorwerp te praten. Beseft het kind dan dat er sprake is van* communicatie*? Om de relatie te ontdekken tussen een woord en datgene waarnaar het verwijst moet het dove kind onthouden wat het pas geleden heeft gezien en deze herinnering in verband brengen met een andere waarneming [...] De dove baby moet heel wat meer doen, hij moet de relatie tussen twee verschillende, in de tijd gescheiden visuele ervaringen "ontdekken".*'

wijze waarop kinderen – en dan voornamelijk dove kinderen – van een perceptuele naar een conceptuele wereld 'gelokt' worden en hoezeer dit afhankelijk is van zo'n soort dialoog. Ze heeft aangetoond dat de 'dialectische sprong' waarvan Vygotsky spreekt – de sprong van zintuiglijke indrukken naar denken – niet alleen spreken vereist, maar de *juiste manier* van spreken, een dialoog die rijk is aan communicatieve inhoud, een dialoog die wederzijds is en waarin de juiste soort vragen worden gesteld, anders kan het kind die grote sprong moeilijk maken.

Aan de hand van opnamen van taalinteracties tussen moeder en kind, beginnend vlak na de geboorte, heeft ze aangetoond hoe dikwijls en met welke navrante consequenties dit verkeerd kan gaan als het kind doof is. Kinderen, gezonde kinderen, hebben een bodemloze nieuwsgierigheid: voortdurend vragen ze naar de zin en de betekenis van dingen: 'Hoe?', 'Waarom?', 'Wat als?' Het was de afwezigheid van dit soort vragen en zelfs het niet-begrijpen van zulke vragende vormen die op mij zo'n onheilspellende indruk maakten toen ik Braefield bezocht. Sprekend in meer algemene termen over de bekende problemen van doven, merkt Schlesinger op:

> Op achtjarige leeftijd vertonen veel dove kinderen een achterstand in het begrijpen van vragen, ze blijven steken in benoemen, ze hechten geen 'centrale betekenis' aan hun antwoorden. Ze hebben weinig begrip van

Zij menen dat deze en andere zaken grote communicatieve problemen kunnen veroorzaken lang voordat het taalvermogen is ontwikkeld.

Dove kinderen van dove ouders hebben een goede kans voor die interactionele moeilijkheden gespaard te blijven, want hun ouders weten maar al te goed uit eigen ervaring dat alle communicatie, alle spel en spelletjes visueel moeten zijn, en in het bijzonder dat de typische 'babypraat' in gebarentaal moet gebeuren. Carol Erting en haar collega's hebben onlangs het verschil tussen dove en horende ouders in dit opzicht prachtig geïllustreerd (Erting, Prezioso en Hynes, 1989). Dove kinderen van dove ouders worden op de leeftijd van achttien maanden uiterst visueel ingesteld, hypervisueel zelfs. (Natuurlijk, als horende ouders gevoelig zijn voor de visualiteit van hun dove kind en er geen weerstand tegen hebben, kunnen ze vaak bijna even vaardig worden in visuele communicatie met hun dove kind als dove ouders.)

oorzakelijkheid en introduceren zelden noties over de toekomst.[8]

Veel, maar niet allemaal. Er lijkt een vrij scherpe scheidslijn te lopen tussen kinderen die deze problemen hebben en kinderen die ze niet hebben, tussen kinderen die intellectueel, linguïstisch, sociaal en emotioneel 'normaal' zijn en kinderen die dat niet zijn. Dit scherpe onderscheid, zo verschillend van de normale klokvormige gausskromme die de verdeling van eigenschappen in grafiek brengt, toont dat de tweedeling na de geboorte plaatsvindt, dat er vroege levenservaringen zijn die een sterke invloed hebben op de hele persoonlijkheidsontwikkeling. Vragen stellen, een actieve vragende instelling, is niet iets dat spontaan, *de novo*, ontstaat, of direct volgt uit de invloed van de ervaring, maar dat voortkomt uit en gestimuleerd wordt door communicatieve interactie – het vereist *dialoog*, en dan vooral de complexe dialoog van moeder en kind.[9] Hier, denkt Schlesinger, begint de tweedeling:

> Moeders praten met hun kinderen en dat doen ze zeer verschillend: ze zitten vaak aan de ene óf aan de andere kant van de scheidslijn in een alles doorsnijdende dichotomie. Sommige moeders praten *met* hun kinderen en nemen primair deel aan een dialoog, en andere praten *tegen* hun kinderen. Sommige ondersteunen voornamelijk de activiteiten van hun kinderen, en zo niet, dan geven ze daar hun redenen voor, terwijl andere primair de activiteiten van hun kinderen sturen zonder uit te leggen waarom. Sommige stellen echte vragen [...] andere beperkende vragen [...] Sommige reageren direct op wat het kind zegt of doet, andere reageren alleen vanuit hun eigen behoeften en interessen [...] Sommige beschrijven een uitgebreide wereld waarin dingen in het verleden gebeurden en in de toekomst zullen gebeuren, andere leveren alleen commentaar op het hier en nu [...] Sommige moeders fungeren als middelaar tussen de omgeving en het kind door stimuli te beladen met betekenis [en andere doen dat niet].[10]

De moeder heeft, zo lijkt het, verschrikkelijk veel macht: ze kan wel of niet behoorlijk met haar kind communiceren, ze kan wel of niet onderzoekende vragen als 'Hoe?', 'Waarom?' en 'Wat als?' introduceren, of een geestdodende monoloog afsteken: 'Wat is dat?', 'Doe zus of zo', enzovoort. Ze kan een idee van logica en causaliteit overbrengen, of alles op een duf niveau van onverklaarbaarheid laten; ze kan een levendig gevoel van tijd en plaats bijbrengen, of alleen refereren aan het hier en nu; ze kan een 'abstracte reflectie van de werkelijkheid' overdragen, een conceptuele wereld die samenhang en betekenis aan het leven geeft en het verstand en de emoties van het kind prikkelt, of alles laten op een concreet, direct, onverklaard niveau, dat bijna nog lager ligt dat het dierlijke perceptieniveau.* Kinderen kunnen de wereld niet kiezen waarin ze leven – niet de fysische, maar ook niet de mentale en emotionele. Ze zijn in het begin afhankelijk van wat hun moeders hun aanbieden.

* Eric Lenneberg denkt dat zich alleen op het *verbale* niveau problemen voordoen met dove kinderen na (zeg) het derde jaar, en in het algemeen zijn die, in de tijd voordat het kind naar school gaat, niet zo ernstig (Lenneberg, 1967). Hij schrijft: *'Een gezond doof kind van twee jaar of ouder functioneert uitstekend ondanks zijn volledige gebrek aan verbale communicatie. Deze kinderen worden zeer bedreven in pantomime en ontwikkelen adequate technieken om hun wensen, behoeften en zelfs meningen te uiten [...] De vrijwel volledige afwezigheid van taal bij deze kinderen staat een fantasierijk en intelligent spel dat bij die leeftijd past niet in de weg. Ze houden van doen-alsof-spelletjes, ze kunnen hele bouwwerken oprichten van blokkendozen, ze kunnen elektrische treinen bedienen en het schakelsysteem begrijpen en anticiperen op de loop van de treinen door bochten en onder bruggen. Ze houden van plaatjeskijken en geen enkele mate van stilering maakt de afbeelding voor hen onbegrijpelijk, en hun eigen tekeningen laten niets te wensen over in vergelijking met de tekeningen van hun horende leeftijdgenoten. De cognitieve ontwikkeling zoals die tot uitdrukking komt in het spel schijnt dus niet te verschillen van die waarbij ook de taal tot ontwikkeling komt.'*

Lennebergs visie, die aannemelijk leek in 1967, wordt tegenwoordig niet meer aangehangen door onderzoekers van dove kinderen. Die vinden allemaal dat er, ook in de periode dat het kind nog niet naar school gaat, grote communicatieve en cognitieve moeilijkheden kunnen ontstaan als het kind niet zo vroeg mogelijk taal leert. Tenzij speciale maatregelen worden genomen, heeft een doof kind op vijf- of zesjarige leeftijd gemiddeld slechts vijftig tot zestig woorden tot zijn beschikking, terwijl dat er bij een normaal kind dan al drieduizend zijn. Hoe groot de betoveringen van speelgoed-

Het is niet alleen taal, het is denken dat aangeboden moet worden. Anders zal het kind hopeloos gevangen blijven in een concrete en perceptuele wereld – zoals het geval was met Joseph, Kaspar Hauser en Ildefonso. Dit gevaar is des te groter als het kind doof is – omdat (horende) ouders misschien niet weten hoe ze hun kind moeten benaderen en, als ze er al mee communiceren, misschien alleen primitieve vormen van dialoog en taal gebruiken die het kind geestelijk niet vooruit helpen en die zelfs de ontwikkeling vertragen.

> Kinderen lijken getrouw de cognitieve wereld (en 'stijl') die ze van hun moeders krijgen aangeboden te kopiëren [schrijft Schlesinger]. Sommige moeders brengen het kind in aanraking met een wereld die bevolkt wordt door afzonderlijke, statische objecten in het hier en nu, en die van de eerste taalfase tot de puberteit voor die kinderen dezelfde naam blijven behouden [...] Zulke moeders vermijden taal die abstraheert van de perceptuele wereld [...] en in een wanhopige poging een wereld met hun kinderen te delen treden ze in hun perceptuele wereld en blijven daar steken [...]
>
> [Andere moeders, daarentegen] introduceren een wereld waarin de dingen die gezien, gevoeld en gehoord worden geestdriftig via taal worden verwerkt. Deze wereld is weidser, complexer en interessanter voor de kinderen. Ook zij benoemen de voorwerpen in de perceptuele wereld van hun kinderen, maar ze gebruiken correcte namen voor meer verfijndere waarnemingsgehelen waaraan ze kenmerken toevoegen door middel van adjectieven [...] Ze benoemen mensen en

treinen en doen-alsof-spelletjes ook zijn, een kind moet wel bepaalde aspecten van zijn kindertijd missen als het voor het naar school gaat eigenlijk geen taal kent; er moet toch enige communicatie met de ouders zijn, met andere mensen, enig begrip van de wereld in het algemeen, die het kind onthouden wordt. Tenminste dat zou je denken: we hebben zorgvuldig onderzoek nodig, inclusief misschien een analytische reconstructie, om te zien hoe de eerste vijf levensjaren veranderen als er in die periode geen taalverwerving plaatsvindt.

hun activiteiten en gevoelens en ze karakteriseren ze door middel van bijwoorden. Ze *beschrijven* niet alleen de perceptuele wereld, maar helpen hun kinderen de wereld te *reorganiseren* en te *redeneren* over haar talloze mogelijkheden.[11]

Deze moeders stimuleren de vorming van een conceptuele wereld die de perceptuele wereld alleen maar verrijkt en continu optilt tot het niveau van symbool en betekenis. Een arme dialoog, een gefrustreerde communicatie, meent Schlesinger, leidt niet alleen tot intellectuele beperkingen, maar ook tot timiditeit en passiviteit; een creatieve dialoog, een rijke communicatieve interactie in de kindertijd prikkelt daarentegen de verbeelding en de geest, leidt tot zelfstandigheid, assertiviteit, speelsheid, humor, eigenschappen die de persoon de rest van zijn leven blijft meedragen.*

*

Charlotte, een meisje van zes, is net als Joseph doof geboren. Maar Charlotte is geweldig levendig, speels, nieuwsgierig, open. Ze is bijna niet te onderscheiden van een normale

* Het maakt in wezen niet uit, vindt Schlesinger, of de dialoog tussen moeder en kind plaatsvindt in gesproken taal of in gebarentaal. Wat telt is de communicatieve intentie. Deze intentie die, zoals zoveel intenties, grotendeels onbewust is, kan gericht zijn op *overheersing* van het kind, of op een gezonde bevordering van zijn groei, zijn autonomie, zijn geestelijke ontplooiing. Het gebruik van gebarentaal echter maakt bij gelijkblijvende omstandigheden de communicatie kort na de geboorte gemakkelijker, omdat het dove kind gemakkelijker spontaan gebarentaal oppikt dan gesproken taal.

Schlesinger ziet de communicatieve intentie als een functie van 'macht' – onverschillig of de ouders zich nu 'machtig' of juist 'machteloos' voelen tegenover hun kinderen. Machtige ouders, in haar formulering, voelen zich onafhankelijk en machtig en dragen onafhankelijkheid en macht aan hun kinderen over; machteloze ouders voelen zich passief en onder de duim gehouden en houden op hun beurt hun kinderen krachtig onder de duim: ze praten *tegen* hen in plaats van een dialoog *met* hen aan te gaan. Een doof kind

zesjarige – zo totaal verschillend van de arme, geïsoleerde Joseph. Waaraan ligt dit verschil? Zodra de ouders van Charlotte erachter kwamen dat ze doof was – een paar maanden na de geboorte – besloten ze een gebarentaal te leren omdat ze gesproken taal moeilijk zou kunnen oppikken. Dat deden ze, samen met een aantal van hun familieleden en vrienden. Toen Charlotte vier was, schreef haar moeder, Sarah Elizabeth:

> Bij onze dochter Charlotte werd tien maanden na de geboorte ernstige doofheid geconstateerd. In de afgelopen drie jaar hebben we veel verschillende emoties doorstaan: ongeloof, paniek, angst, woede, depressie en rouw, en ten slotte aanvaarding en erkenning. Toen de eerste paniek voorbij was, beseften we dat we van jongs af aan gebarentaal met onze dochter moesten gebruiken.*
>
> We begonnen thuis *Signed Exact English* (SEE) te leren, een exacte kopie van gesproken Engels in gebaren. We hadden het gevoel dat we daarmee onze Engelse taal, literatuur en cultuur aan ons kind konden doorgeven. Als horende ouders waren we belast met de taak een nieuwe taal te leren en deze tegelijkertijd aan Charlotte over te brengen, maar door de overeenkomst met de Engelse grammatica leek ons deze geba-

kan de ouders natuurlijk een gevoel van machteloosheid geven: Hoe moeten ze met het kind communiceren? Wat moeten ze doen? Wat hebben zij, of het kind, van de toekomst te verwachten? Tot wat voor leven zullen zij gedwongen worden, of wat voor leven zullen zij het kind opdringen? Wat cruciaal lijkt, is dat er een gevoel van keuze is, niet van macht – dat er een behoefte bestaat aan effectieve communicatie, of dat nu in spraak of in gebarentaal of beide is.

* 'Iemand die zo doof is als Charlotte kan pas na jaren hard werken leren liplezen en verstaanbaar spreken, als ze het al ooit leert,' schrijft Sarah Elizabeth. Dat was tenminste haar conclusie na de zaak grondig bestudeerd en met andere besproken te hebben. Maar de ouders van een ander ernstig doof meisje, die met vrijwel dezelfde situatie geconfronteerd werden, kwamen tot een andere conclusie en vonden dat ze een andere keus hadden.

Bij Alice werd zeventien maanden na de geboorte ernstige doofheid

rentaal wel te leren [...] We wilden wanhopig dat Charlotte was zoals wij.

Na een jaar stapten we over van het stugge SEE op *pidgin Signed English*, een mengvorm van gebaren uit de *American Sign Language*, die visueel veel beeldender zijn, en de voor ons bekende Engelse syntaxis, [...] [maar] de ingewikkelde lineaire structuur van gesproken Engels levert geen interessante gebarentaal op, dus moesten we onze gedachten herordenen om visuele zinnen te kunnen maken. We leerden de meest levendige en spannende aspecten van gebarentaal kennen: idioom, humor, mime, gebaren die gecompliceerde concepten betekenen en gelaatsuitdrukkingen [...] Nu zijn we bezig ASL te leren bij een dove vrouw die met gebarentaal is opgegroeid en die vloeiend in gebarentaal kan communiceren en de taal voor ons horenden kan ontleden. We vinden het spannend en zijn enthousiast dat we een ingenieuze en subtiele taal leren met zoveel schoonheid en creativiteit. Het is heerlijk om te zien hoe Charlottes gebaren visuele gedachtenpatronen weerspiegelen. We worden door Charlottes uitdrukkingen geprikkeld om anders tegen de dingen en hun plaats en beweging aan te kijken.

Ik vond dit een fascinerend en indrukwekkend verslag dat

geconstateerd (een gehoorverlies van 120 dB in het ene en 108 dB in het andere oor). Een van de oplossingen, vonden haar ouders, was *Cued Speech*, gekoppeld aan krachtige gehoorapparaten. (*Cued Speech*, dat ontwikkeld werd door Orin Cornett, maakt gebruik van eenvoudige handposities rondom de mond die dienen om verschillende klanken die voor de liplezer op elkaar lijken te onderscheiden.) Alice heeft hier kennelijk veel baat bij gehad, ze heeft een grote woordenschat en een uitstekende grammaticale beheersing verworven en (op vijfjarige leeftijd) een actief taalvermogen dat gelijk staat aan dat van bijna twee jaar oudere kinderen. Ze leest en schrijft goed, ze *houdt* van lezen en schrijven. Op school doet ze het goed (ze heeft een full-time tolk). Haar ouders beschrijven haar als 'erg intelligent, goed aangepast, populair, sociaal', hoewel ze nu wel bang worden dat ze misschien op school geïsoleerd raakt.

Maar hoewel haar taalvaardigheid heel goed is, blijven haar communica-

liet zien hoe de ouders van Charlotte eerst graag wilden dat hun dochter in wezen hetzelfde was als zij, ondanks het feit dat ze haar ogen in plaats van haar oren moest gebruiken; hoe ze begonnen met SEE, dat geen echte eigen structuur heeft, maar alleen een translitteratie is van een gesproken taal, en hoe ze slechts geleidelijk aan de fundamentele visualiteit van hun kind, haar gebruik van 'visuele gedachtenpatronen', apprecieerden, en hoe dit een visuele taal vereiste en ook voortbracht. In plaats van hun auditieve wereld aan hun kind op te dringen, zoals zoveel ouders van dove kinderen doen, moedigden ze haar aan voort te gaan in haar eigen (visuele) wereld, die ze vervolgens met haar konden delen. En op vierjarige leeftijd was Charlotte ook inderdaad zo ver gevorderd in visueel denken en taalgebruik dat ze haar ouders

tiemogelijkheden nog steeds beperkt. Ze is moeilijk te verstaan, ze praat 'brokkelig' en slikt veel klanken in. Haar ouders en onderwijzers verstaan haar goed, maar anderen verstaan haar veel minder. Ze kan haar bedoeling duidelijk maken door expressieve gebaren, maar het aantal mensen dat de gebaren kent die zij heeft geleerd is minimaal. Ze is ook een beetje achter in het verstaan van gesproken taal: liplezen is niet zomaar een visuele vaardigheid – het is voor 75 procent gissen en deduceren en blijft afhankelijk van contextuele aanwijzingen. Postlinguaal doven hebben minder moeite om het te 'lezen' omdat ze al spraak kennen, maar voor prelinguaal doven, zoals Alice, is het heel moeilijk. Hoewel ze dus in de horende wereld leeft, ondervindt ze daarin grote moeilijkheden – en dreigt ze geïsoleerd te raken. Het leven thuis, tot aan de leeftijd van vijf jaar, met begrijpende ouders, stelt niet al te veel eisen aan een doof kind, maar het leven daarna is heel anders. De problemen van een kind met spraak- en gehoorstoornissen worden op school meestal elk jaar groter.

De ouders van Alice zijn ruimdenkend en hebben haar niet exclusief in de richting van *Cued Speech* gedwongen; ze waren zelfs verbaasd dat het werkte. Maar ze hebben een duidelijke voorkeur wat betreft de wereld waarin ze hun dochter willen laten leven: 'Ik wil dat ze beide werelden leert kennen,' zegt haar vader, 'maar eigenlijk zou ik het liefst willen dat ze onder de horenden leeft, met een horende trouwt, enzovoort. Van een andere dove zou ze echter weer veel steun kunnen krijgen [...] Ze houdt ook van gebarentaal, ze heeft het contact met een andere gebarentaalspreker nodig. Ik hoop dat ze zich in *beide* werelden, die van de horenden én doven, thuis kan voelen.' Laten we hopen dat Alice gebarentaal kan leren en wel zo spoedig mogelijk – want over niet al te lange tijd is het te laat om de taal nog als moedertaal te leren. Als ze geen gebarentaal leert, loopt ze kans zich in *geen van beide* werelden thuis te voelen.

nieuwe manieren van denken – openbaringen – kon bijbrengen.

Begin 1987 verhuisden Charlotte en haar ouders van Californië naar Albany, New York, en haar moeder schreef me opnieuw:

> Charlotte is nu zes en zit in de eerste klas. Wij vinden haar natuurlijk een buitengewone persoonlijkheid omdat ze, hoewel ernstig doof, vol belangstelling is en nadenkt en het goed doet in haar wereld van (voornamelijk) horenden. Ze lijkt zich thuis te voelen in zowel ASL als Engels, ze communiceert enthousiast met dove volwassenen en kinderen en leest en schrijft als een kind uit de derde klas. Haar horende broer, Nathaniel, gebaart vloeiend en gemakkelijk en ons hele gezin voert vele gesprekken en handelt veel zaken af in gebarentaal [...] Ik vind dat je op grond van onze ervaring kunt zeggen dat contact op jonge leeftijd met een visueel coherente taal het complexe conceptuele denkproces op gang brengt. Charlotte kan denken en redeneren. Ze past de taalmiddelen die ze aangereikt heeft gekregen toe om complexe denkbeelden op te bouwen.

Toen ik het gezin van Charlotte bezocht viel me meteen op dat ze echt een *gezin* vormden – vol vrolijkheid, vol leven, vol vragen, allemaal samen. Er was geen sprake van de afgeslotenheid die je zo vaak bij doven tegenkomt – en niets van het 'primitieve' taalgebruik ('Wat is dit? Wat is dat? Doe dit! Doe dat!'), van de neerbuigendheid, waarover Schlesinger spreekt. Charlotte liep over van vragen, van nieuwsgierigheid, van leven – een heerlijk, fantasierijk, speels kind, volledig open voor de wereld en voor anderen. Ze was teleurgesteld dat ik geen gebarentaal kende, maar haar ouders werden direct tot tolk gebombardeerd en ze ondervroeg me uitgebreid over de wonderen van New York.

Ongeveer vijftig kilometer van Albany ligt een bos waar een rivier doorheen stroomt en daar reed ik later met Charlotte, haar ouders en haar broer naartoe. Charlotte houdt evenveel van de natuur als ze van mensen houdt en doet dat op een intelligente manier. Ze had oog voor de verschillende biotopen, voor de manier waarop organismen samenleven – ze zag de samenwerking en de concurrentie, de dynamiek van het bestaan. Ze werd geboeid door de varens die langs de rivier groeiden, zag dat ze heel anders waren dan bloemen, begreep het verschil tussen sporen en zaden. Ze uitte zich enthousiast in gebarentaal over al de verschillende vormen en kleuren, maar dacht ook na en vroeg: 'Hoe?' en 'Waarom?' en 'Wat als?' Het waren duidelijk geen geïsoleerde feiten die ze wilde weten, maar verbanden, begrip, een wereld met structuur en betekenis. Niets toonde me duidelijker de overgang van een perceptuele naar een conceptuele wereld, een overgang die onmogelijk is zonder complexe dialoog – een dialoog die eerst plaatsvindt met de ouders en vervolgens geïnternaliseerd wordt als 'met jezelf praten', als denken.

Dialoog brengt taal, denken, op gang, maar als dat proces achter de rug is, ontwikkelen we een nieuw vermogen: 'innerlijke spraak' en die is onmisbaar voor onze verdere ontwikkeling, voor ons denken. 'Innerlijke spraak,' zegt Vygotsky, 'is spraak bijna zonder woorden [...] het is niet het inwendige aspect van de uitwendige taal, het is een functie op zichzelf [...] Terwijl in de uitwendige spraak de gedachten belichaamd worden door woorden, gaan de woorden bij de innerlijke spraak teloor als ze gedachten voortbrengen. Innerlijke spraak is tot op grote hoogte denken in pure betekenissen.' We beginnen met dialoog, met taal die uitwendig en sociaal is, maar om vervolgens te denken, onszelf te worden, moeten we overstappen op de monoloog, op innerlijke spraak. Innerlijke spraak is per definitie solitair en uiterst mysterieus, net zo onbekend voor de wetenschap, schrijft Vygotsky, als 'de achterkant van de maan'. 'Wij zijn onze taal,' wordt vaak gezegd, maar onze werkelijke taal, onze werkelijke identiteit ligt in de innerlijke spraak, in die onophoudelijke stroom en bron van betekenissen die de individuele geest is. Door middel van innerlijke spraak verkrijgt het kind zijn identiteit en door innerlijke spraak construeert het ten slotte zijn eigen wereld. En de innerlijke spraak (of innerlijke gebaren) van de doven zou wel eens heel anders kunnen zijn.*

Voor Charlottes ouders is het duidelijk dat zij de wereld op een andere, misschien wel een *heel* andere, manier construeert: dat ze voornamelijk visuele gedachtenpatronen gebruikt en dat ze 'anders denkt' over concrete objecten. Ik werd getroffen door het beeldende karakter, de volheid van haar beschrijvingen. Haar ouders hadden het daar ook over: 'Alle figuren of wezens of voorwerpen waarover Charlotte praat zijn *geplaatst*,' zei haar moeder; 'ruimtelijke referentie is wezenlijk voor ASL. Als Charlotte gebaart, wordt het hele tafereel uitgebeeld: je kunt zien waar iedereen en alles is, het wordt allemaal gevisualiseerd met een precisie die zeldzaam is bij horenden.' Dit plaatsen van voorwerpen en mensen in bepaalde lokaties, dit gebruik van uitgebreide ruimtelijke referenties, was al opvallend bij Charlotte toen ze viereneenhalf was, zeiden haar ouders – op die leeftijd was ze hen al

* Het is zeker dat de werkelijkheid ons niet 'gegeven' wordt, maar dat we die zelf op onze eigen manier moeten *construeren* en dat we daarbij geconditioneerd worden door de cultuur en de wereld waarin we leven. Het is niet meer dan logisch dat onze taal onze wereldvisie belichaamt – de manier waarop we de werkelijkheid waarnemen en construeren. Maar gaat het ook verder? *Bepaalt* onze taal ook onze wereldvisie? Dat is de bekende hypothese van Benjamin Lee Whorf: taal gaat aan het denken vooraf en is de voornaamste determinant van het denken en de werkelijkheid (Whorf, 1956). Whorf dreef zijn hypothese tot het uiterste toe door: 'Een verandering in taal kan onze opvatting van de wereld veranderen.' (Zo meende hij, op grond van hun verschillende temporele systemen, dat sprekers van het Engels geneigd zijn tot een newtoniaans wereldbeeld, en sprekers van het Hopi tot een relativistisch en einsteiniaans wereldbeeld). Zijn stelling heeft aanleiding gegeven tot veel misverstand en controverse, waarvan een deel ronduit racistisch was, maar de feiten, zoals Roger Brown opmerkt, 'zijn uiterst moeilijk te interpreteren', niet in de laatste plaats omdat we geen adequate onafhankelijke definities hebben van denken en taal.

Het verschil tussen de meest uiteenlopende gesproken talen is echter klein vergeleken met het verschil tussen gesproken taal en gebarentaal. Gebarentaal heeft een andere oorsprong en een andere biologische modaliteit. Dat gaat in een bepaald opzicht dieper dan wat Whorf voor ogen had en kan de denkprocessen van de gebarentaalgebruiker bepalen of op zijn minst modificeren en hem een unieke en onvertaalbare hypervisuele cognitieve stijl geven.

voorbij gestreefd en had een 'enscenerend' of 'architecturaal' vermogen aan de dag gelegd dat ze ook bij andere doven hadden waargenomen – maar zelden bij horenden.*

*

Taal en denken zijn voor ons altijd persoonlijk – onze uitdrukkingen drukken onszelf uit, evenals onze innerlijke spraak. Wij voelen taal daarom vaak als een ontboezeming, een spontane emissie van onszelf. Wij hebben in het begin niet in de gaten dat taal een *structuur* moet hebben, een structuur die zeer ingewikkeld en formeel is. Wij zijn ons van die structuur niet bewust, we zien haar niet, net zo min als we de weefsels, de organen, de interne bouw van ons lichaam zien. Maar de enorme, unieke vrijheid van taal zou niet mogelijk zijn zonder uiterst strenge grammaticale beperkingen. Het is voor alles de grammatica die taal mogelijk maakt, die ons in staat stelt onze gedachten, onszelf, in uitingen helder onder woorden te brengen.

Dat was wat gesproken taal betreft al duidelijk in 1660 (het jaar waarin de *Grammaire générale et raisonnée* van Port-Royal verscheen), maar pas in 1960 werd het vastgesteld met betrekking tot gebarentaal.† Gebarentaal werd voor die tijd

* Toen ze dat vertelden moest ik denken aan een anekdote die ik eens gelezen had over Ibsen: toen hij een keer met een vriend door een huis liep waar ze nooit geweest waren, bleef hij plotseling staan en zei: 'Wat stond er in die kamer waar we net doorheen kwamen?' Zijn vriend had maar een vaag idee, maar Ibsen gaf een exacte beschrijving van alles in de kamer, hoe die eruitzag, waar ze lag, haar relatie tot de rest van het huis, en toen mompelde hij zacht voor zich uit: 'Ik zie alles'.

† Vroegere opvattingen van grammatica (zoals de pedagogische Latijnse grammatica's die nog steeds de zielen van schoolkinderen kwellen) waren gebaseerd op een mechanische, en niet op een creatieve opvatting van taal. De *Grammaire générale et raisonnée* van Port-Royal beschouwde grammatica als wezenlijk creatief en sprak van 'die wondere uitvinding waarmee wij uit vijfentwintig of dertig klanken een oneindig aantal uitdrukkingen construeren, die, zonder in zichzelf enige gelijkenis te hebben met wat in onze gedachten plaatsvindt, ons niettemin in staat stellen anderen in het geheim te laten delen van wat wij bedenken en van alle verschillende mentale bewerkingen die we uitvoeren'.

niet als een echte taal met een eigen grammatica beschouwd, ook niet door de gebruikers ervan. En toch is het idee dat gebarentaal een structuur heeft niet nieuw – dat heeft zijn eigen eigenaardige voorgeschiedenis, zogezegd. Roch-Ambroise Bébian, de opvolger van Sicard, besefte niet alleen dat gebarentaal een eigen autonome grammatica heeft (en dus de geïmporteerde Franse grammatica niet nodig had), maar hij probeerde ook een 'mimografie' op te stellen gebaseerd op de 'ontleding van gebaren'. Die onderneming mislukte en moest mislukken omdat er geen correcte identificatie van de elementen ('fonemen') van gebarentaal bestond.

In de jaren zeventig van de vorige eeuw was er de antropoloog E.B. Tylor, die een diepgaande belangstelling voor taal had en een diepgaande belangstelling en kennis van gebarentaal (hij had veel dove vrienden met wie hij vloeiend in gebarentaal communiceerde). Zijn *Researches into the Early History of Mankind* bevat veel boeiende inzichten in gebarentaal en zou de aanzet hebben kunnen geven voor een echte linguïstische studie van gebarentaal, als die onderneming, alsmede een juiste appreciatie van de taal, niet werd gefnuikt door de Conferentie van Milaan in 1880. Nu gebarentaal officieel en formeel gedevalueerd was, richtten de linguïsten hun aandacht ergens anders op en negeerden haar of begrepen haar volledig verkeerd. J.G. Kyle en B. Woll zetten deze droeve geschiedenis in hun boek gedetailleerd uiteen en merken op dat Tylors kennis van de gebarentaalgrammatica zo groot was dat 'linguïsten [haar] in de afgelopen tien jaar alleen maar *her*ontdekt hebben'.[12] Het idee dat 'de gebarentaal' der doven alleen maar een soort pantomime is, een beeldtaal, was dertig jaar geleden nog algemeen geaccepteerd. De *Encyclopedia Britannica* (14e editie) noemt het 'een soort tekenen in de lucht', en een bekend standaardwerk zegt:

> De gebarentaal die door de doven wordt gebruikt is een ideografische taal. Ze is in essentie beeldend en weinig symbolisch en hoort qua systeem thuis op het niveau van de afbeeldingen. Ideografische taalsystemen missen de precisie, de subtiliteit en de flexibiliteit van

verbale systemen. Waarschijnlijk kan de mens zijn mogelijkheden niet volledig realiseren door middel van een ideografische taal, omdat deze beperkt blijft tot de meer concrete aspecten van zijn ervaring.[13]

Er doet zich hier inderdaad een paradox voor: aanvankelijk lijkt de gebarentaal pantomimisch – je krijgt de indruk dat je het gauw genoeg 'snapt', elke pantomime is immers gemakkelijk te snappen. Maar hoe lang je ook kijkt, er komt geen *Aha-Erlebnis* en met tegenzin moet je erkennen dat het niet te volgen is, hoe gemakkelijk het in het begin ook lijkt.*

Er werd pas taalkundig-wetenschappelijk aandacht aan gebarentaal geschonken aan het eind van de jaren vijftig, toen William Stokoe, een jonge mediaevist en linguïst, op Gallaudet kwam.† Stokoe moest eigenlijk colleges over Chaucer geven, maar hij kwam al gauw tot de ontdekking dat hij door toeval of door geluk in de interessantste taalgemeenschap van

* Je vraagt je af of hierin niet ook een intellectuele (en welhaast fysiologische) moeilijkheid schuilt. Een ruimtelijke grammatica (of een gegrammatiseerde ruimte) is moeilijk voor te stellen. Het hele begrip bestond niet voordat Edward S. Klima en Ursula Bellugi het in 1970 uitvonden (ook niet voor de doven die zo'n grammaticale ruimte gebruikten). De buitengewone moeilijkheid die wij ondervinden om ons zo'n ruimtelijke grammatica, een ruimtelijke syntaxis, een ruimtelijke taal – een linguïstisch gebruik van de ruimte – zelfs maar voor te stellen komt misschien voort uit het feit dat 'wij' (de horenden die geen gebarentaal kennen) zelf geen enkele persoonlijke ervaring hebben met het grammatiseren van de ruimte (en er dus ook geen cerebraal substraat voor hebben) en derhalve fysiologisch niet in staat zijn het ons voor te stellen (net zo min als we ons kunnen voorstellen hoe het is om een staart te hebben, of infrarood licht te kunnen zien).

† Dit is misschien te generaliserend gesteld. Er bestond wel degelijk wetenschappelijke en linguïstische belangstelling voor de gebarentalen van de doven in Europa, al in de tijd dat Tylor zijn onderzoeken deed. Belangrijk werk werd in onze tijd, in de jaren vijftig, verricht door Bernard Tervoort in Nederland, die tele-opnamen op 16 mm film van gebarende dove kinderen gebruikte. De resultaten van dit onderzoek zijn neergelegd in zijn proefschrift voor de Universiteit van Amsterdam: *The Structural Analysis of visual language within a group of deaf children* (1953). Dr Tervoort ontmoette Stokoe in 1957 op Gallaudet University.

de wereld was terechtgekomen. In die tijd werd gebarentaal nog niet als een echte taal beschouwd, maar als een soort pantomime of gebarencode, of een soort gebroken Engels met de handen. Het geniale van Stokoe was dat hij zag en bewees dat dit volstrekt niet het geval was, dat gebarentaal aan alle criteria voor een echte taal voldeed: qua lexicon, syntaxis en het vermogen een oneindig aantal zinnen te genereren. In 1960 publiceerde Stokoe *Sign Language Structure* en in 1965 (samen met zijn dove collega's Dorothy Casterline en Carl Croneberg) *A Dictionary of American Sign Language*. Stokoe was ervan overtuigd dat de gebaren van gebarentaal *niet* iconisch waren, maar complexe abstracte symbolen met een inwendige structuur. Hij was dan ook de eerste die naar een structuur zocht, die de gebaren analyseerde, die ze ontleedde, die naar de samenstellende delen speurde. Al vroeg opperde hij dat elk gebaar ten minste drie onafhankelijke componenten bevat – lokatie, handvorm en beweging (analoog aan de fonemen van spraak) – en dat deze componenten in een eindig aantal combinaties kunnen optreden.* In *Sign Language Structure* beschreef hij negentien verschillende handvormen, twaalf lokaties, vierentwintig soorten beweging, en bedacht daarvoor een notatiesysteem – ASL was nog nooit eerder *geschreven*.† Zijn *Dictionary* was al even origineel, want de gebaren waren niet thematisch geordend (bijvoorbeeld alle tekens voor voedingswaren bij elkaar, alle tekens voor

* Een bijzonder mooie bevestiging van Stokoes inzichten wordt geleverd door *slips of the hand* – onwillekeurige fouten bij het gebaren. Die zijn nooit arbitrair, het zijn nooit bewegingen of handvormen die niet in de taal voorkomen, maar altijd combinatiefouten (of transpositiefouten, enzovoort) binnen een eindige verzameling bewegings- of handvormparameters. Ze zijn volstrekt analoog aan de fonemische fouten die optreden bij versprekingen (*slips of the tongue*).

Naast deze fouten (onwillekeurige transposities van sublexicale elementen) bestaan er bij de mensen die gebarentaal als moedertaal hebben ook uitgebreide vormen van gebarenhumor en gebarenkunst: een bewust creatief spel met gebaren en hun constituenten. Deze mensen hebben duidelijk een intuïtief inzicht in de interne structuur van gebaren.

† Voor de goede orde: Stokoes notatie was niet meer dan dat: een notatie (zoals een fonetische notatie) voor wetenschappelijke doeleinden, niet voor

dieren bij elkaar), maar systematisch, volgens hun samenstellende componenten, hun plaats in het systeem en op grond van de principes van de taal. Het boek toonde de lexicale structuur van de taal – de onderlinge linguïstische relaties van een basisgebarenschat van drieduizend 'woorden'.

Het vereiste een grote innerlijke rust, een immens zelfvertrouwen, koppigheid zelfs, om met dit werk door te gaan, want bijna iedereen, horenden zowel als doven, beschouwde Stokoes ideeën als absurd of ketters. Zijn boeken werden bij publikatie gebrandmerkt als waardeloos en onzinnig.[14] Zo gaat het vaak met genieën. Maar binnen een paar jaar zorgde Stokoes werk voor een ingrijpende meningsverandering, en een revolutie – een dubbele revolutie – was op komst: een wetenschappelijke revolutie, doordat nu de gebarentaal en haar cognitieve en neurale substraten werden onderzocht, iets waar nooit eerder iemand aan had gedacht, en een culturele en politieke revolutie.

De *Dictionary of American Sign Language* vermeldde drieduizend basisgebaren - dat lijkt een erg beperkte woordenschat (vergeleken met bijvoorbeeld de 600.000 woorden van de *Oxford English Dictionary*). Maar toch is gebarentaal duidelijk

dagelijks gebruik. (Sommige later voorgestelde transcripties zijn enorm ingewikkeld: de beschrijving van een kort gebaar kan wel een hele pagina beslaan.) Er heeft in de gewone betekenis van het woord nooit een geschreven vorm van gebarentaal bestaan en sommigen twijfelen eraan of die wel praktisch mogelijk is. Zoals Stokoe opmerkt: 'de Doven zullen wel het gevoel hebben dat alle pogingen om hun taal, die syntactisch gebruik maakt van de drie dimensies van de ruimte plus die van de tijd, in tweedimensionaal schrift te transcriberen niet opwegen tegen de resultaten – als het überhaupt al mogelijk is' (persoonlijke mededeling; zie ook Stokoe, 1987).

Zeer onlangs echter is een nieuw systeem om gebarentaal te schrijven – *Sign Font* genaamd – ontwikkeld door een groep in San Diego (zie Newkirk et al., 1987, en Hutchins et al., 1986). Met behulp van computers kan men de enorme reikwijdte van de gebaren, hun modulaties en vele van hun 'intonaties' een adequatere geschreven vorm geven dan vroeger mogelijk werd geacht. *Sign Font* probeert de volledige uitdrukkingsmogelijkheden van gebarentaal weer te geven; het is echter nog te vroeg om te zeggen of het systeem bij de doven zal aanslaan.

Als *Sign Font*, of een andere geschreven vorm van gebarentaal, door de

zeer expressief en kan in principe alles uitdrukken wat een gesproken taal kan uitdrukken.* Er moeten dus bijkomende principes werkzaam zijn. De grote onderzoekster van deze andere principes – van datgene wat een lexicon tot een taal maakt – is Ursula Bellugi, samen met haar medewerkers van het Salk Instituut.

Een lexicon bevat allerlei begrippen, maar dat blijven geïsoleerde elementen (het niveau van 'Ik Tarzan, jij Jane') als er geen grammatica bij te pas komt. Er moet een formeel systeem van regels zijn, waarmee coherente uitingen – zinnen, proposities – gegenereerd kunnen worden. (Dat ligt niet onmiddellijk voor de hand, en is geen intuïtief idee, want de uiting zelf lijkt zo direct, zo naadloos, zo persoonlijk, dat je aanvankelijk niet het gevoel hebt dat er een formeel regelsysteem aan ten grondslag ligt of voor vereist is: dat is zeker een van de redenen waarom met name degenen die gebarentaal als moedertaal hebben meenden dat hun taal 'onontleedbaar' was en daarom Stokoes – en later Bellugi's – inspanningen met scepsis bekeken.)

Het idee van zo'n formeel systeem, een 'generatieve grammatica', is zelf niet nieuw. Von Humboldt zei al dat elke taal

doven zou worden geaccepteerd, zouden ze hun eigen literatuur kunnen schrijven en hun gemeenschapsgevoel en cultuur verdiepen. Het interessante is dat Alexander Graham Bell deze mogelijkheid al voorzag: 'Een andere mogelijkheid om van de doofstommen een afzonderlijke maatschappelijke klasse te maken is een schrift ontwikkelen voor gebarentaal, zodat de doofstommen een gezamenlijke literatuur zouden krijgen die verschilt van die van de rest van de wereld.' Maar hij beschouwde dat alleen maar als negatief, als leidend tot 'de vorming van een dove variant van de menselijke soort' (zie Bell, 1883).

* Naast het feit dat gebarentaal een enorm aantal grammaticale modulaties kan ondergaan (daar zijn er letterlijk honderden van, bijvoorbeeld voor het teken KIJKEN), is de eigenlijke gebarenschat ook veel groter en gevarieerder dan in welk woordenboek ook is terug te vinden. De gebarentalen ontwikkelen zich op dit moment bijna explosief (dat geldt vooral voor de jongste, zoals de Israelische gebarentaal). Er is een voortdurende aanwas van neologismen: sommige daarvan zijn leenwoorden uit de omringende taal, andere zijn mimetische afbeeldingen, en weer andere ad-hoc verzinsels, maar de meeste worden gevormd uit de opmerkelijke scala van formele middelen van de taal zelf. Die zijn vooral bestudeerd door Ursula Bellugi en Don Newkirk (zie Bellugi en Newkirk, 1981).

een 'oneindig gebruik maakt van eindige middelen'. Maar pas in de afgelopen dertig jaar hebben we, van Noam Chomsky, een expliciete beschrijving gekregen 'hoe die eindige middelen worden aangewend voor de produktie van een oneindig aantal zinnen in afzonderlijke talen' – en een onderzoek van 'de dieperliggende eigenschappen die "menselijke taal" in het algemeen definiëren.' Deze dieperliggende eigenschappen beschouwt Chomsky als een aangeboren, soortgebonden eigenschap van de mens, een eigenschap die latent in het centraal zenuwstelsel aanwezig is en die geactiveerd wordt door taalgebruik. Chomsky stelt zich dit voor als bestaande uit een uitgebreid systeem van regels die een bepaalde vaste algemene structuur hebben en die volgens hem in bepaalde opzichten analoog zijn aan de verwerkingsprincipes van de visuele cortex, die ook allerlei ingebouwde mechanismen heeft voor het ordenen van visuele percepten.* We weten nog vrijwel niets van het neuraal substraat voor die mechanismen – maar dat die bestaat en een bepaalde lokatie heeft in de hersenen wordt aangetoond door het feit dat er afatici zijn, ook onder gebarentaalsprekers, waarbij uitsluitend het grammaticaal vermogen gestoord is.†

Iemand die een taal kent is iemand die, in Chomsky's termen, de beheersing heeft over 'een grammatica die [...] een oneindige verzameling dieptestructuren *genereert*, deze transformeert naar de bijbehorende oppervlaktestructuren en van die abstracte objecten de semantische en fonetische inter-

* Visuele beelden zijn niet mechanisch of passief, zoals fotografische: het zijn meer analytische constructies. Detectie van elementaire componenten – verticale lijnen, horizontale lijnen, hoeken, enzovoort – werd voor het eerst beschreven door David Hubel en Torsten Wiesel. En op een hoger niveau moet het beeld samengesteld en gestructureerd worden met behulp van wat Richard Gregory een 'visuele grammatica' heeft genoemd (zie 'The Grammar of Vision', in: Gregory, 1974).

† De kwestie of bepaalde diersoorten een taal hebben die een 'oneindig gebruik maakt van eindige middelen' is nog steeds omstreden en onduidelijk. Als neuroloog werd ik getroffen door beschrijvingen van afatische verschijnselen bij apen, wat erop lijkt te wijzen dat ten minste de neurale rudimenten van taal al vóór de mens waren geëvolueerd (zie Heffner en Heffner, 1988).

pretatie bepaalt'.* Hoe verkrijgt (of leert) iemand zo'n grammatica? Hoe kunnen tweejarige kinderen zo'n systeem verwerven? Kinderen aan wie zeker niet expliciet de grammatica van hun taal wordt geleerd, en die zeker geen voorbeeldzinnen – stukken grammatica – krijgen aangeboden, maar juist de spontane, gedachteloze (en schijnbaar on-informatieve) uitingen van hun ouders? (Natuurlijk is de taal van de ouders niet 'oninformatief', maar zit deze vol impliciete grammatica en talloze onbewuste linguïstische aanwijzingen en verbeteringen waarop het kind onbewust reageert. Maar er is geen bewuste of expliciete overdracht van grammatica.) Dat is wat Chomsky zo opvallend vindt – hoe het kind zo veel kan leren met zo weinig hulpmiddelen:

> We worden in het geval van taal onwillekeurig getroffen door de enorme kloof tussen kennis en ervaring, tussen de generatieve grammatica die een uitdrukking is van het taalvermogen van de moedertaalspreker en de schaarse en verminkte gegevens [die hij krijgt aangeboden] op basis waarvan hij die grammatica op eigen kracht moet construeren.[15]

Het kind wordt de grammatica dus niet geleerd – sterker nog, het leert helemaal geen grammatica, het *construeert* de grammatica aan de hand van de 'schaarse en verminkte gegevens' die het ter beschikking staan. En dat zou niet mogelijk zijn als

* Zie Chomsky, 1968, p. 26. De ideeëngeschiedenis van zo'n generatieve of 'filosofische' grammatica en van de notie 'aangeboren ideeën' in het algemeen is op boeiende wijze door Chomsky uiteengezet – je hebt het gevoel dat hij zijn voorlopers moest ontdekken om zichzelf te kunnen ontdekken, zijn eigen plaats in een intellectuele traditie; zie vooral zijn *Cartesian Linguistics* en zijn Beckman-lezingen die werden gebundeld onder de titel *Language and Mind.* Het grote tijdperk van de 'filosofische grammatica' was de zeventiende eeuw, en het hoogtepunt hiervan was de *Grammaire générale et raisonnée* van Port-Royal (1660). Onze hedendaagse linguïstiek, denkt Chomsky, zou daar zijn wortels wel eens kunnen hebben, maar de ontwikkeling ervan werd verstoord door de opkomst van een oppervlakkig empirisme. Als het idee van een onderliggende aangeboren geneigdheid tot taal wordt uitgebreid naar denken in het algemeen, dan kan de theorie der 'aangeboren ideeën' (dat

de grammatica, in potentie althans, niet reeds in hem aanwezig was, in een latente vorm, wachtend om geactualiseerd te worden. Er moet, zoals Chomsky stelt, 'een aangeboren structuur zijn die rijk genoeg is om de kloof tussen ervaring en kennis te verklaren'.

Deze aangeboren, deze latente structuur is bij de geboorte niet volledig ontwikkeld en begint pas na achttien maanden merkbaar te worden. Maar dan, plotseling en hoogst spectaculair, wordt het groeiende kind rijp voor taal, wordt capabel om een grammatica te construeren op grond van de uitingen van zijn ouders. Het toont een spectaculair vermogen, een talent voor taal, tussen de leeftijd van eenentwintig en zesendertig maanden (deze periode is voor alle neurologisch normale menselijke wezens, zowel doven als horenden, gelijk; ze valt bij kinderen die een ontwikkelingsachterstand hebben iets later, evenals andere ontwikkelingsmijlpalen), waarna het vermogen afneemt en tegen de puberteit (tussen de twaalf en dertien jaar) zijn dieptepunt bereikt.* Dit is in Lennebergs termen de 'kritieke periode' voor eerste-taalver-

wil zeggen, denkstructuren die, als ze geactiveerd worden, de vorm van de ervaring organiseren) worden getraceerd tot Plato en vandaar naar Leibniz en Kant. Sommige biologen vonden dit idee van aangeboren structuren onmisbaar voor de verklaring van het organisch leven – het bekendste voorbeeld is Konrad Lorenz, die Chomsky in dit verband citeert (Chomsky, 1968, p. 81): *'Het aansluiten van het apriori op de werkelijkheid stamt net zo min uit de "ervaring" als het aansluiten van een vissevin op de eigenschappen van water. Net zoals de vorm van de vin "apriori" gegeven is, vóór enige individuele wisselwerking van de jonge vis met het water, en net zoals de vorm van de vin deze wisselwerking pas mogelijk maakt, zo is dat ook het geval met onze perceptuele vormen en onze categorieën in relatie tot onze wisselwerking met de buitenwereld door middel van onze ervaring.'* Anderen zien de ervaring niet louter als een activeringsproces, maar als de *creatie* van de perceptuele vormen en de categorieën.

* Het idee van een 'kritieke leeftijd' voor taalverwerving werd geïntroduceerd door Lenneberg: de hypothese dat als taal niet vóór de puberteit wordt geleerd, ze daarna nooit meer geleerd wordt, althans niet zo vloeiend als een moedertaalspreker (Lenneberg, 1967). Onder de horende populatie doet zich de kwestie van een kritische leeftijd nauwelijks voor, want vrijwel alle horenden (ook achterlijke) leren in de eerste vijf jaar vloeiend praten. Voor de doven is het echter een groot probleem, want zij kunnen over het algemeen de stemmen van hun ouders niet horen – of er betekenissen aan hechten – en ze komen ook lang niet altijd in contact met gebarentaal. Er zijn

werving – de enige periode waarin de hersenen vanuit het niets een complete grammatica kunnen construeren. De ouders spelen daarbij een onmisbare, maar slechts ondersteunende rol: de taal ontwikkelt zich 'van binnenuit' op het kritieke moment en het enige dat zij doen (in de woorden van Von Humboldt) is 'de draad verschaffen waarlangs ze zich vanzelf afwikkelt'. Het proces lijkt meer op rijpen dan op leren – de aangeboren structuur (door Chomsky het 'taalverwervingsvermogen' genoemd) groeit organisch, differentieert, rijpt, als een embryo.

Bellugi zegt, sprekend over haar vroege werk met Roger Brown, dat dit voor haar bij uitstek het wonder van de taal betekende. Ze verwijst naar een artikel dat ze samen met Roger Brown schreef en waarin ze sprak over het proces van 'inductie van de latente structuur' van zinnen bij het kind. De laatste zin van het artikel luidde: 'De zeer complexe simultane differentiatie en integratie die de evolutie van het nominale zinsdeel laat zien doet meer denken aan de biologische ont-

aanwijzingen dat dove kinderen die laat gebarentaal leren (dat wil zeggen na de leeftijd van vijf jaar) nooit de moeiteloze vloeiende beheersing en feilloze grammatica bereiken van hen die van het begin af aan met gebarentaal zijn opgegroeid (vooral degenen die als baby al gebarentaal van hun ouders hebben geleerd).

Er zijn misschien uitzonderingen, maar dat *zijn* ook uitzonderingen. In het algemeen kan men zeggen dat de jaren voor het kind naar school gaat essentieel zijn voor een goede taalverwerving en dat het kind zo vroeg mogelijk taal aangeboden moet krijgen – en dat doofgeborenen naar kleuterscholen moeten gaan waar gebarentaal wordt geleerd. Misschien viel Massieu op de leeftijd van dertien jaar en negen maanden nog binnen de kritieke leeftijd, terwijl Ildefonso daar duidelijk doorheen was. Hun zeer late taalverwerving kan eenvoudig verklaard worden door een ongewoon behoud van neuronale plasticiteit. Een interessantere hypothese is echter dat het gebarensysteem (de 'zelfgemaakte gebaren') van Ildefonso en zijn broer, of van Massieu en zijn dove familieleden, gefungeerd kon hebben als een 'prototaal', die zogezegd een taalvermogen in de hersenen installeerde dat pas vele jaren later tot volle activiteit werd gewekt toen ze in aanraking kwamen met een echte gebarentaal. (Itard, de arts-leraar van Victor, het *enfant sauvage* van Aveyron [zie p. 27], postuleerde eveneens een kritieke leeftijd voor taalverwerving om het mislukken van zijn pogingen om Victor taal te leren spreken en verstaan te kunnen verklaren.)

wikkeling van een embryo dan aan het aanleren van een geconditioneerde reflex.' Het *tweede* wonder in haar leven als linguïst, zegt ze, was de ontdekking dat die prachtige organische structuur – het complexe embryo van de grammatica – in een zuiver visuele vorm kan bestaan – en ook bestaat, in gebarentaal.

Bellugi heeft zich vooral beziggehouden met de morfologie van ASL – de manier waarop de gebaren syntactisch veranderen en zo verschillende betekenissen vormen. Het was duidelijk dat het kale lexicon van de *Dictionary of American Sign Language* maar een eerste stap was – want een taal is niet alleen maar een lexicon of code. (De zogenaamde Indiaanse gebarentaal is louter een code, dat wil zeggen een verzameling of vocabulaire van tekens die zelf geen structuur hebben en die nauwelijks grammaticaal veranderd kunnen worden.) Een echte taal wordt voortdurend gemoduleerd, bijgesteld, door allerlei grammatische mechanismen. ASL heeft buitengewoon veel van dat soort mechanismen die het basisvocabularium enorm uitbreiden.

Zo zijn er talloze vormen van KIJKEN NAAR ('kijk naar mij', 'kijk naar haar,' 'kijk naar hen allemaal', enzovoort) die allemaal op verschillende manieren worden gevormd: het teken voor KIJKEN NAAR is bijvoorbeeld een beweging met de hand van de spreker vandaan, terwijl als bedoeld wordt 'kijken naar elkaar' beide handen naar elkaar toe worden bewogen. Een groot aantal verbuigingen wordt gebruikt om temporele aspecten aan te duiden (zie figuur 1). Zo kan KIJKEN NAAR (a) verbogen worden tot 'staren' (b), 'naar blijven kijken' (c), 'aankijken' (d), 'in de gaten houden' (e), 'lang naar kijken' (f), of 'steeds opnieuw naar kijken' (g) – en nog vele andere permutaties en combinaties van deze betekenissen. Dan zijn er ook nog veel afgeleide vormen, waarbij het teken voor KIJKEN op bepaalde manieren gevarieerd wordt met als betekenissen: 'herinneringen ophalen', 'een toeristisch tochtje maken', 'naar uitkijken,' 'profeteren', 'voorspellen', 'tegemoet zien', 'doelloos om zich heen kijken', 'neuzen in' enzovoort.

Met het gezicht kunnen ook specifieke functies worden

uitgedrukt: zo dienen (zoals David Corina en anderen hebben aangetoond) bepaalde gelaatsuitdrukkingen, of liever 'houdingen', voor syntactische constructies zoals topicalisatie, betrekkelijke bijzinnen en vragende zinnen, of om bijwoorden en quantoren (hoeveelheidswoorden) te markeren.[16] Ook andere lichaamsdelen kunnen meedoen. En dit alles – deze enorme scala van actuele of potentiële ruimtelijke of kinetische verbuigingen – kan aan het lexicale element worden toegevoegd, ermee fuseren, het wijzigen, waardoor een ongelooflijke hoeveelheid informatie in het uiteindelijke gebaar wordt geconcentreerd.

De *gecomprimeerdheid* van deze gebareneenheden, plus het feit dat alle modificaties ervan *ruimtelijk* zijn, maakt dat gebarentaal op het eerste gezicht totaal anders lijkt dan welke gesproken taal ook en heeft ervoor gezorgd dat men zo lang bleef twijfelen of het wel een taal was. Maar juist dit, te zamen met de unieke ruimtelijke syntaxis, maakt gebarentaal tot een echte taal – zij het een totaal nieuwe, buiten de hoofdstroom van de gesproken talen, een uniek evolutionair alternatief. (En in een bepaald opzicht ook een zeer verrassend alternatief als we bedenken dat in de afgelopen vijfhonderdduizend of miljoen jaar de mens gespecialiseerd is in spraak. Het vermogen tot taal zit in ons allen – dat is gemakkelijk in te zien. Maar dat het vermogen voor een *visuele* taal ook zo groot zou zijn – dat is verbazingwekkend en zou nauwelijks geloofd worden als er geen gebarentaal bestond. Men zou echter voor hetzelfde geld kunnen zeggen dat het maken van tekens en gebaren, zij het zonder complexe linguïstische structuur, teruggaat tot ons verre, voormenselijke verleden – en dat spraak eigenlijk de evolutionaire nieuwkomer is: een zeer succesvolle nieuwkomer, die de handen vrij maakte voor andere, niet-communicatieve doeleinden. Misschien zijn er wel twee parallelle evolutionaire ontwikkelingen voor gesproken taal en gebarentaal: dat schijnt te worden bevestigd door een onderzoek van antropologen, die het naast elkaar bestaan van gesproken taal en gebarentaal bij sommige primitieve stammen hebben geconstateerd.[17] De doven en hun taal tonen ons dus niet alleen de plasticiteit, maar ook de latente

Figuur 1. Het lexicale element KIJKEN NAAR kan op vele manieren gemodificeerd worden. Dit zijn enkele temporele aspecten van KIJKEN NAAR; er zijn er nog veel meer, bijvoorbeeld voor aspecten van intensiteit, stijl, getal, enzovoort.

vermogens van ons centraal zenuwstelsel.)

Het opvallendste kenmerk van gebarentaal – dat wat het van alle andere talen en mentale activiteiten onderscheidt – is het unieke linguïstische gebruik van de ruimte.* De complexiteit van deze linguïstische ruimte is overstelpend voor het 'normale' oog, dat niet in staat is de geweldig ingewikkelde ruimtelijke patronen te zien, laat staan te begrijpen.

We zien dus in gebarentaal op elk niveau – lexicaal, syntactisch – een *linguïstisch* gebruik van de ruimte: een gebruik dat verbazend complex is, want veel van wat in gesproken taal lineair, sequentieel, temporeel gebeurt, wordt in gebarentaal tegelijkertijd op verschillende niveaus geuit. Aan de 'oppervlakte' mag gebarentaal simpel lijken, zoiets als mime of 'praten met handen en voeten', maar je komt er al gauw achter dat dit een illusie is, en wat er op het eerste gezicht zo simpel uitziet wordt buitengewoon complex en blijkt uit talloze ruimtelijke patronen te bestaan, driedimensionaal in elkaar gevlochten.

Het wonder van deze ruimtelijke grammatica, van het linguïstisch gebruik van de ruimte, legde volledig beslag op de gebarentaalonderzoekers van de jaren zeventig en pas in de jaren tachtig is men evenveel aandacht gaan besteden aan het temporele aspect. Hoewel vroeger al werd onderkend dat er een sequentiële organisatie zat in gebarentaal, werd die als fonologisch oninteressant beschouwd, voornamelijk omdat ze niet 'gelezen' kon worden. Er moest een nieuwe generatie linguïsten komen – linguïsten die vaak zelf doof waren, of die gebarentaal als moedertaal hadden en die met hun eigen intuïtie de subtiele aspecten van de taal konden ontleden – om het belang van dergelijke sequenties in (en tussen) de gebaren aan te tonen. De gebroeders Ted en Sam Supalla, onder anderen, hebben op dit gebied pionierswerk verricht. Zo

* Aangezien het meeste onderzoek van gebarentaal in de Verenigde Staten plaatsvindt hebben de resultaten grotendeels betrekking op *American Sign Language*, maar er wordt ook onderzoek gedaan naar andere gebarentalen (de Russische, Chinese, Engelse, Nederlandse). Er is echter geen reden om aan te nemen dat deze alleen gelden voor ASL – ze zijn waarschijnlijk van toepassing op een hele reeks visueel-ruimtelijke talen.

toonden Ted Supalla en Elissa Newport in een baanbrekend artikel uit 1978 aan dat zeer kleine verschillen in beweging bepaalde zelfstandige naamwoorden van de verwante werkwoorden konden onderscheiden: eerder had men (Stokoe, bijvoorbeeld) gedacht dat er maar één gebaar was voor 'zitten' en 'stoel' – maar Supalla en Newport toonden aan dat de tekens hiervoor een gering maar cruciaal verschil vertonen.[18]

Het meest systematische onderzoek naar het gebruik van tijd in gebarentaal is verricht door Scott Liddell en Robert Johnson en hun collega's van Gallaudet University. Liddell en Johnson zien gebarentaal niet als een opeenvolging van kortstondige 'bevroren' ruimtelijke configuraties, maar als een continu en temporeel rijk gemoduleerd systeem met een dynamiek van *movements* en *holds* ('bewegingen' en 'pauzes') analoog aan muziek of spraak. Ze hebben allerlei vormen van sequentialiteit aangetoond in ASL – sequenties van handvormen, *lokaties*, niet-manuele gebaren, lokale bewegingen, *movements-and-holds* - alsmede een interne (fonologische) segmentatie van de gebaren. Het simultane structuurmodel kan dergelijke sequenties niet weergeven, het verhindert zelfs dat ze opgemerkt worden. Men heeft daarom de oude statische begrippen en beschrijvingen moeten vervangen door nieuwe en vaak ingewikkelde dynamische notaties die enigszins lijken op die voor dans en muziek.[19]

Niemand heeft deze nieuwe ontwikkelingen met meer interesse gevolgd dan Stokoe zelf, en hij heeft zich speciaal gericht op het vermogen van 'taal in vier dimensies':

> Spraak heeft slechts één dimensie – uitgebreidheid in de tijd; geschreven taal heeft twee dimensies; modellen hebben drie dimensies; maar alleen gebarentalen hebben vier dimensies tot hun beschikking – de drie ruimtelijke dimensies die de gebaarder met zijn lichaam gebruikt, plus de dimensie van de tijd. En gebarentaal benut ten volle de syntactische mogelijkheden van haar vier-dimensionale expressiekanaal.[20]

Volgens Stokoe is het effect hiervan – en daarin wordt hij gesteund door de intuïties van gebarenartiesten en schrijvers en acteurs van gebarentoneel – dat gebarentaal niet alleen een prozaïsche, verhalende structuur heeft, maar ook essentieel 'filmisch' is:

> In gebarentaal [...] is een verhaal niet langer lineair en prozaïsch. Wezenlijk voor gebarentaal is dat kan worden overgesprongen van een normaal gezichtspunt naar een close-up en vandaar naar een vogelvluchtperspectief en terug naar een close-up, enzovoort, inclusief terugblikken en vooruitblikken, net als in een film [...] Gebarentaal is niet alleen veel meer gearrangeerd als een film dan als een geschreven verhaal, maar de verteller fungeert ook veel meer als een camera: het gezichtsveld en de gezichtshoek zijn begrensd maar kunnen gevarieerd worden. Niet alleen degene die gebaart, maar ook degene die kijkt is zich op elk moment bewust van de visuele oriëntatie ten opzichte van het gespreksonderwerp.

Het onderzoek van gebarentaal gaat inmiddels zijn derde decennium in; de taal wordt nu beschouwd als volledig vergelijkbaar met gesproken taal (in termen van fonologie, temporele aspecten, sequentiële organisatie), met daarnaast nog unieke ruimtelijke en filmische vermogens – een zeer complexe en tegelijk doorzichtige uitdrukking en transformatie van gedachten.*

* Opnieuw is het Stokoe die een deel van die complexiteit beschrijft: '*Als drie of vier gebarentaalgebruikers op een natuurlijke manier bij elkaar staan om te converseren [...] dan zijn de ruimtelijke transformaties van de driedimensionale visuele wereld bepaald geen rotaties van 180 graden, maar hebben ze betrekking op oriëntaties die niet-gebarentaalgebruikers zelden of nooit begrijpen. Wanneer alle transformaties van deze en andere soort zijn gemaakt tussen het visuele driedimensionale veld van gebaarder en toeschouwers, dan is de inhoud van de denkwereld van de gebaarder kenbaar gemaakt. Als alle trajecten van de gebarenactiviteit – richting en richtingsveranderingen van de bovenarmen, de polsen, en de bewegingen van de handen en vingers, alle nuances van de oogopslag, de gelaatsuitdrukking en de bewegingen van het hoofd – beschreven konden worden, dan zouden we een beschrijving hebben van de verschijnselen waarbij het*

Voor het 'kraken' van deze enorm complexe, vierdimensionale structuur zouden grote computers en de inzichten van een genie nodig zijn.* En toch kan een kind van drie jaar het systeem moeiteloos en zonder erbij na te denken aan.†

Wat gaat er om in de hersenen van een driejarig kind of welke gebarentaalgebruiker ook, dat hem tot zo'n genie maakt en hem in staat stelt op zo'n verbazende wijze met ruimte om te springen, om ruimte 'talig' te maken? Wat voor een computer heeft *hij* in zijn hoofd? Op grond van de 'normale' taal- en spreekervaring, of op grond van onze neurologische kennis van taal en spraak zouden we niet kunnen concluderen dat een dergelijke ruimtelijke virtuositeit mogelijk was. Misschien is het ook onmogelijk voor 'normale' hersenen – dat wil zeggen de hersenen van iemand die niet van jongs af aan met gebarentaal is opgegroeid.‡ Wat is dan de neurologische basis van gebarentaal?

*

denken wordt getransformeerd door een gebarentaal [...] Deze semantische superimposities op het ruimte-tijdcontinuum dienen geïsoleerd te worden als we de wisselwerking willen begrijpen tussen taal en denken en het lichaam.'

* 'We analyseren driedimensionale bewegingen tegenwoordig met behulp van een aangepast optisch-elektronisch systeem, een camera waarmee zeer snel een digitaal beeld met een hoog oplossend vermogen van de hand- en armbewegingen kan worden vastgelegd [...] Optisch-elektronische camera's registreren de positie van LED's die aan de handen en armen zijn bevestigd en voeren de digitale informatie direct naar een computer die de driedimensionale trajecten berekent' (Poizner, Klima en Bellugi, 1987, p. 27). Zie figuur 2.

† Het gebeurt onbewust, maar een taal leren is een haast onmogelijke taak. Ondanks de verschillende modaliteit valt het echter op dat de verwerving van ASL door dove kinderen langs dezelfde lijnen verloopt als de taalverwerving van horende kinderen. Met name de manier waarop de grammatica zijn intrede doet schijnt identiek te zijn: betrekkelijk abrupt, als een soort reorganisatie, een discontinuïteit, in het denken en de ontwikkeling, waarbij het kind de stap zet van geïsoleerde gebaren naar taal, van prelinguïstisch aanwijzen of gesticuleren naar een volledig gegrammatiseerd linguïstisch systeem. Dit gebeurt op dezelfde leeftijd (tussen de eenentwintigste en vierentwintigste maand) en op dezelfde manier als bij een horend kind.

‡ Elissa Newport en Sam Supalla (zie Rymer, 1988) hebben aangetoond dat mensen die laat gebarentaal leren – en 'laat' betekent hier na de leeftijd van

Na in de jaren zeventig de structuur van gebarentaal te hebben onderzocht, houden Ursula Bellugi en haar collega's zich nu bezig met het neurale substraat van taal. Daarbij worden onder andere de klassieke methoden van de neurologie toegepast, zoals het onderzoeken van de effecten van verschillende hersenletsels – in dit geval het effect op de gebarentaal en op het verwerken van ruimtelijke informatie in het algemeen bij dove gebarentaalgebruikers die door een beroerte of op andere wijze hersenletsel hebben opgelopen.

Men neemt al ruim honderd jaar aan (sinds de eerste observaties hierover van Hughlings-Jackson, in de jaren zeventig van de vorige eeuw) dat de linkerhersenhelft gespecialiseerd is in analytische vermogens, vooral in de lexicale en grammaticale analyses die het verstaan van taal mogelijk maken. De rechterhersenhelft wordt als complementair beschouwd, als het deel dat zich bezighoudt met gehelen, met synchrone percepties en niet met delen en sequentiële analyses, en vooral met de visuele en ruimtelijke wereld. Gebarentalen overschrijden duidelijk deze keurige afbakening, want aan de ene kant hebben ze een lexicale en grammaticale structuur, en aan de andere kant is die structuur synchroon en ruimtelijk. Het was dus tot voor tien jaar helemaal niet duidelijk of gebarentaal, in het licht van deze eigenschappen, unilateraal in de hersenen gerepresenteerd was (zoals spraak) of bilateraal; indien unilateraal, in welke hersenhelft de pro-

vijf jaar – er weliswaar vrij bedreven in worden, maar toch nooit alle subtiliteiten en ingewikkeldheden leren beheersen, niet in staat zijn sommige grammaticale complexiteiten te 'zien'. Het lijkt wel of de ontwikkeling van een speciaal linguïstisch-ruimtelijk vermogen, van een speciale linkerhemisfeerfunctie, alleen volledig kan geschieden in de eerste levensjaren. Dat geldt ook voor spraak. Het geldt voor taal in het algemeen. Als gebarentaal pas na het vijfde levensjaar wordt geleerd, bereikt de gebaarder nooit meer de vloeiende beheersing en grammaticale correctheid van iemand die de taal als moedertaal heeft meegekregen: een fundamentele grammaticale vaardigheid is verloren gegaan. Omgekeerd, als een kind op jonge leeftijd min of meer gebrekkige gebarentaal krijgt aangeboden (bijvoorbeeld omdat de ouders pas op latere leeftijd gebarentaal hebben geleerd), dan zal het kind toch een grammaticaal correcte gebarentaal ontwikkelen – het zoveelste bewijs voor de aangeboren grammaticale vermogens van het kind.

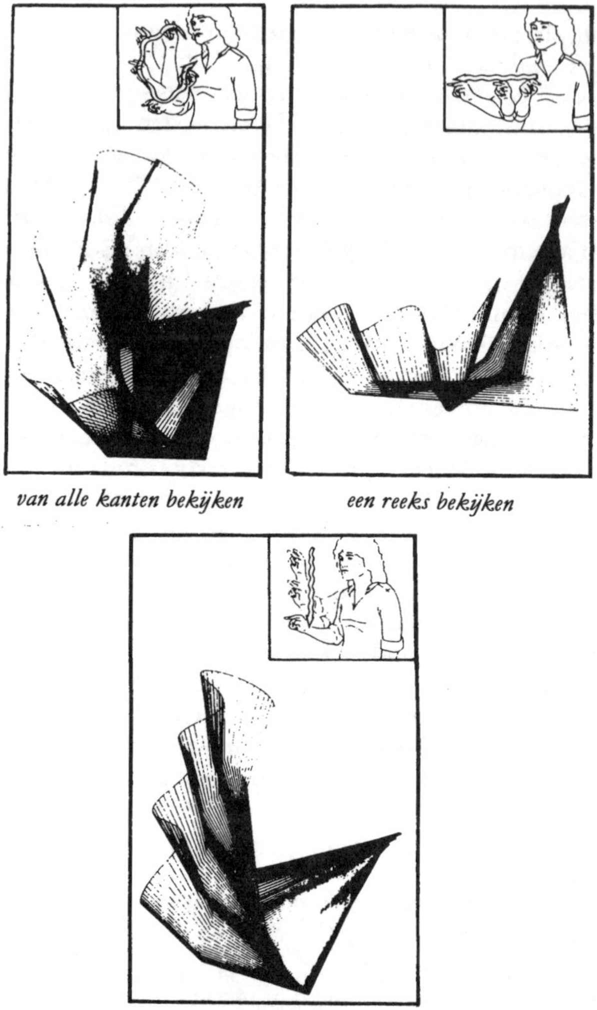

van alle kanten bekijken *een reeks bekijken*

grondig bekijken

Figuur 2. Computerprojecties van drie verschillende verbuigingen van het gebaar voor KIJKEN. Met behulp van deze techniek wordt de schoonheid van een ruimtelijke grammatica, met zijn complexe driedimensionale figuren, goed zichtbaar (zie voetnoot op p. 108 [*]).

cessen plaatsvonden; of bij afasie de syntaxis onafhankelijk van het lexicon kon worden aangetast; en – het meest interessante – of, gezien de onderlinge verwevenheid van grammatische en ruimtelijke relaties in gebarentaal, de ruimtelijke perceptie, het globale gevoel van ruimte bij doven een andere (en misschien sterkere) neurale basis had.

Dat waren onder andere de vragen die Bellugi en haar collega's zich stelden bij het begin van hun onderzoek.* In die tijd waren de feitelijke gegevens over het effect van beroerten en andere hersentrauma's op gebarentaal nog schaars, onduidelijk en vaak onzorgvuldig bestudeerd – gedeeltelijk omdat men weinig onderscheid maakte tussen gebarentaal en vingerspellen. De eerste belangrijke bevinding van Bellugi was dat de linkerhersenhelft inderdaad even wezenlijk is voor gebarentaal als voor spraak, dat voor gebarentaal dezelfde neurale trajecten worden gebruikt als voor het verwerken van spraak – maar daarnaast ook trajecten die normaliter geassocieerd zijn met het verwerken van visuele informatie.

Dat bij gebarentaal overwegend de linkerhersenhelft betrokken is werd eveneens bewezen door Helen Neville, die aantoonde dat gebarentaal sneller en nauwkeuriger 'gelezen' wordt in de rechterhelft van het gezichtsveld (informatie uit de linker- en rechterhelft van het gezichtsveld wordt in de tegenoverliggende hersenhelft verwerkt). Dit kan ook, op indrukwekkende wijze, worden aangetoond door de effecten te bestuderen van lesies (als gevolg van beroerten e.d.) in bepaalde gebieden van de linkerhersenhelft. Dergelijke lesies kunnen gebarenafasie veroorzaken – een onvermogen om gebarentaal te begrijpen of te gebruiken, vergelijkbaar met het onvermogen van 'gewone' afasiepatiënten om gesproken taal te verstaan of te produceren. Dergelijke gebarenafasieën kunnen het lexicon of de grammatica afzonderlijk treffen (inclusief de ruimtelijk gestructureerde syntaxis), alsmede het

* De vooruitziende Hughlings-Jackson schreef een eeuw geleden: 'Ongetwijfeld kan de doofstomme door een ziekte ergens in zijn hersenen zijn natuurlijke systeem van gebaren verliezen dat voor hem een taalfunctie heeft', en hij dacht dat dit systeem in de linkerhersenhelft zetelde.

algemene vermogen om te 'propositioneren', dat door Hughlings-Jackson als essentieel voor taal werd beschouwd.* Gebarenafatici zijn echter *niet* gehandicapt in andere, niet-linguïstische visueel-ruimtelijke vermogens. (Gesticuleren bijvoorbeeld – de niet-grammaticale expressieve bewegingen die we allemaal maken: schouders ophalen, wuiven, woedend de vuist ballen, enzovoort – blijft bij deze afatici onaangetast, ook al kunnen ze geen gebarentaal meer voortbrengen, en daarmee wordt het absolute verschil tussen de twee nog eens extra benadrukt. Afasiepatiënten kunnen de Indiaanse gebarencode leren, maar geen echte gebarentaal, net zo min als gesproken taal.) Bij letsels in de rechterhersenhelft daarentegen kan ernstige ruimtelijke disoriëntatie optreden, een onvermogen om perspectief te zien en soms een volledig wegvallen van de linkerhelft van het gezichtsveld, maar er volgt geen afasie en het vermogen tot gebarentaal blijft intact, ondanks ernstige visueel-ruimtelijke gebreken. Gebarentaalgebruikers vertonen dus dezelfde cerebrale lateralisatie als sprekers, hoewel hun taal volledig visueel-ruimtelijk is (en als zodanig verondersteld wordt in de rechterhersenhelft te zetelen).

Deze bevinding is zowel verrassend als voor de hand liggend en leidt tot twee conclusies. Ten eerste dat gebarentaal echt een taal *is* en als zodanig door de hersenen wordt verwerkt, ook al is ze visueel en niet auditief, en ruimtelijk in plaats van sequentieel georganiseerd. En ten tweede dat gebarentaal verwerkt wordt door de linkerhersenhelft, die biologisch voor die functie is gespecialiseerd.

* De verwantschap tussen spraakafasie en gebarenafasie wordt geïllustreerd door een recent geval, gerapporteerd door Damasio et al., waarbij een Wada-test werd uitgevoerd (een injectie van natriumamytal in de linkerhalsslagader, om te bepalen of de linkerhersenhelft dominant is) op een jonge horende gebarentolk met epilepsie. Het gevolg was een tijdelijke gebaren- én spraakafasie. Na ongeveer vier minuten kon de tolk weer Engels spreken, maar de gebarenafasie bleef een minuut of wat langer bestaan. Gedurende de hele test werden seriële PET-scans uitgevoerd die aantoonden dat ruwweg dezelfde delen van de linkerhemisfeer betrokken waren bij spraak als bij gebaren, hoewel bij de laatste ook grotere hersengebieden geactiveerd leken, met name de linker pariëtaalkwab (Damasio et al., 1986).

Het feit dat gebarentaal in de linkerhersenhelft zetelt, ondanks haar ruimtelijke organisatie, suggereert dat er in de hersenen een representatie van een 'linguïstische' ruimte is naast en zeer verschillend van de 'topografische' ruimte. Bellugi heeft hiervoor een opmerkelijk en verrassend bewijs gevonden. Een van haar proefpersonen, Brenda I., die een uitgebreide lesie in de rechterhersenhelft had, vertoonde een grote uitval van de linkerhelft van haar gezichtsveld, zodat wanneer ze haar kamer beschreef, ze alles lukraak aan de rechterkant plaatste en de linkerkant helemaal leeg liet. De linkerhelft van haar ruimte – van haar topografische ruimte – bestond niet langer voor haar (figuur 3a-b). Maar als ze gebarentaal gebruikte benutte ze alle lokaties in de hele gebarentaalruimte, ook in de linkerhelft (figuur 3c). Haar perceptuele ruimte, haar topografische ruimte, die een functie is van de rechterhersenhelft, was dus ernstig gestoord, maar haar linguïstische ruimte, haar syntactische ruimte, die een functie is van de linkerhersenhelft, was nog volledig intact.

Er ontwikkelt zich dus bij gebarentaalsprekers een nieuwe en buitengewoon verfijnde ruimtelijke representatie – een nieuw *soort* ruimte, een formele ruimte, die onvergelijkbaar is met het ruimtelijk idee van ons die geen gebarentaal gebruiken.* Dat betekent een geheel nieuwe neurologische

* Er kunnen ook andere manieren zijn om zo'n formele ruimte te creëren, tezamen met een krachtige intensivering van de visueel-cognitieve functies in het algemeen. Met de verbreiding van personal computers in de afgelopen tien jaar is het bijvoorbeeld mogelijk geworden logische informatie in de (computer)'ruimte' te organiseren en de meest complexe driedimensionale modellen of figuren te maken (en te roteren of anderszins te transformeren). Dit heeft geleid tot de ontwikkeling van een nieuw soort vaardigheid – een visueel beeldend vermogen (vooral een verbeelding van topologische transformaties) en visueel-logisch denken dat voor de komst van de computer uiterst zeldzaam was. Vrijwel iedereen kan zo een visuele 'virtuoos' worden – tenminste iedereen onder de veertien. Na die leeftijd wordt het veel moeilijker zo'n visuele computervaardigheid te verwerven, net zoals het dan moeilijker is nog vloeiend te leren spreken. Veel ouders merken dat hun kinderen sneller met een computer leren omgaan dan zij – weer een voorbeeld, wellicht, van een 'kritieke leeftijd'. Het lijkt aannemelijk dat dergelijke intensiveringen van visueel-cognitieve en visueel-logische functies een vroege overdracht naar de linkerhersenhelft vereisen.

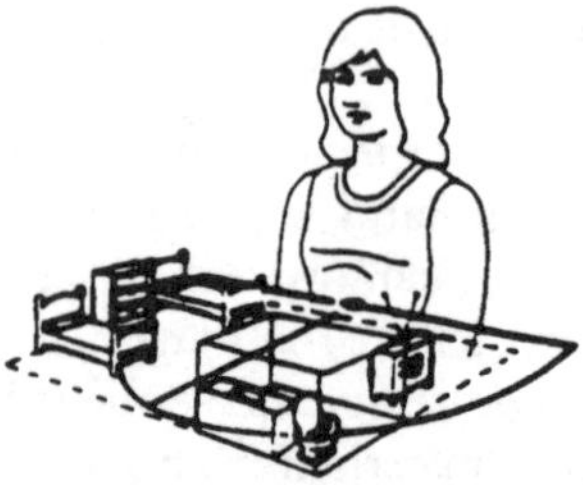

(a) Correcte ruimtelijke indeling

(b) Gestoorde mentale ruimtelijke indeling

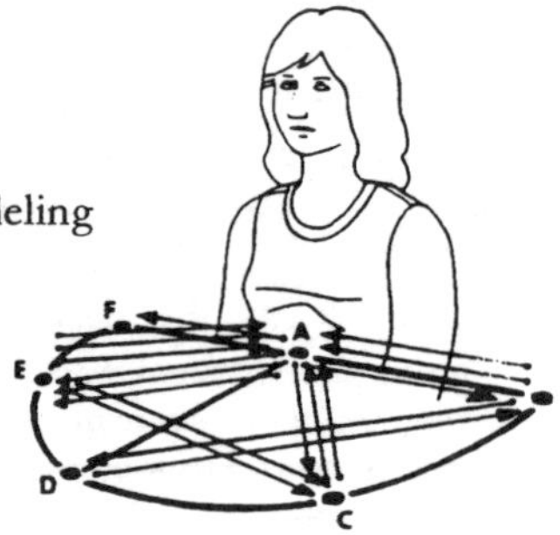

(c) Correcte syntactische ruimt

Figuur 3. Een uitgebreide lesie in de rechterhemisfeer heeft Brenda I. van haar vermogen beroofd om de linkerhelft van haar gezichtsveld in kaart te brengen, terwijl haar ruimtelijk-syntactisch vermogen intact is gebleven. Figuur (a) toont de werkelijke inrichting van Brenda's kamer. Figuur (b): Als ze het interieur van haar kamer beschrijft laat Brenda de linkerkant leeg en propt (in gedachten) alle meubels aan de rechterkant. Ze kan zich zelfs niet meer voorstellen wat 'links' is. Figuur (c): Als ze gebarentaal gebruikt, benut Brenda echter wel de gehele ruimte, inclusief de linkerhelft, om syntactische relaties uit te drukken.

ontwikkeling. Het is alsof de linkerhersenhelft van gebarentaalsprekers een deel van de visueel-ruimtelijke perceptie 'overneemt' en deze ingrijpend modificeert en aanscherpt, waardoor een nieuw uiterst analytisch en abstract geheel ontstaat dat visuele taal en visuele conceptualisering mogelijk maakt.*

We moeten ons afvragen of dit linguïstisch-ruimtelijk vermogen de enige speciale ontwikkeling is bij gebarentaalgebruikers. Zouden ze nog andere niet-linguïstische visueel-ruimtelijke vermogens ontwikkelen? Zou er een nieuwe vorm van visuele *intelligentie* mogelijk zijn? Die vraag heeft Bellugi en haar collega's gemotiveerd tot een fascinerende studie van visuele cognitie bij dove gebarentaalgebruikers.[21] In een reeks visueel-ruimtelijke toetsen vergeleken ze de prestaties van dove kinderen die met gebarentaal waren opgegroeid met die van horende kinderen die geen gebarentaal kenden. In de toetsen die gericht waren op ruimtelijke constructie scoorden de dove kinderen veel hoger dan de horende, ja zelfs veel hoger dan 'normaal'. Soortgelijke resultaten

* Nieuw – en toch potentieel universeel. Want net als op Martha's Vineyard kunnen hele gemeenschappen, zowel doven als horenden, vloeiende gebarentaalsprekers worden. Het vermogen – het neuronale apparaat – om een ruimtelijke taal te verwerven (te zamen met alle daarbij horende ruimtelijke vermogens) is dus duidelijk in potentie in iedereen aanwezig.

Wij worden waarschijnlijk geboren met talloze potentiële neuronale vermogens die zich al naar gelang de behoeften ontwikkelen of afsterven. De ontwikkeling van het zenuwstelsel en speciaal van de hersenschors wordt binnen de grenzen van de erfelijkheid geleid en gevormd, *gekneed*, door de vroege ervaring. Zo heeft de capaciteit om fonemen te onderscheiden in de eerste zes levensmaanden een breed bereik, maar deze wordt vervolgens afgegrensd door de feitelijke spraakklanken die het kind te horen krijgt, zodat Japanse kinderen bijvoorbeeld geen onderscheid meer kunnen maken tussen een 'l' en een 'r' en Amerikaanse kinderen het verschil tussen bepaalde Japanse fonemen niet meer horen. En er is aan neuronen geen tekort: er is geen gevaar dat de ontwikkeling van het ene potentieel een beperkte hoeveelheid neuronen zal 'verbruiken' en daardoor de ontwikkeling van andere vermogens in de weg staan. Er is alles voor te zeggen om de ervaring van het kind zo gevarieerd mogelijk te maken, zowel taalkundig als in andere opzichten, tijdens de kritieke vroege periode van geestelijke plasticiteit en groei.

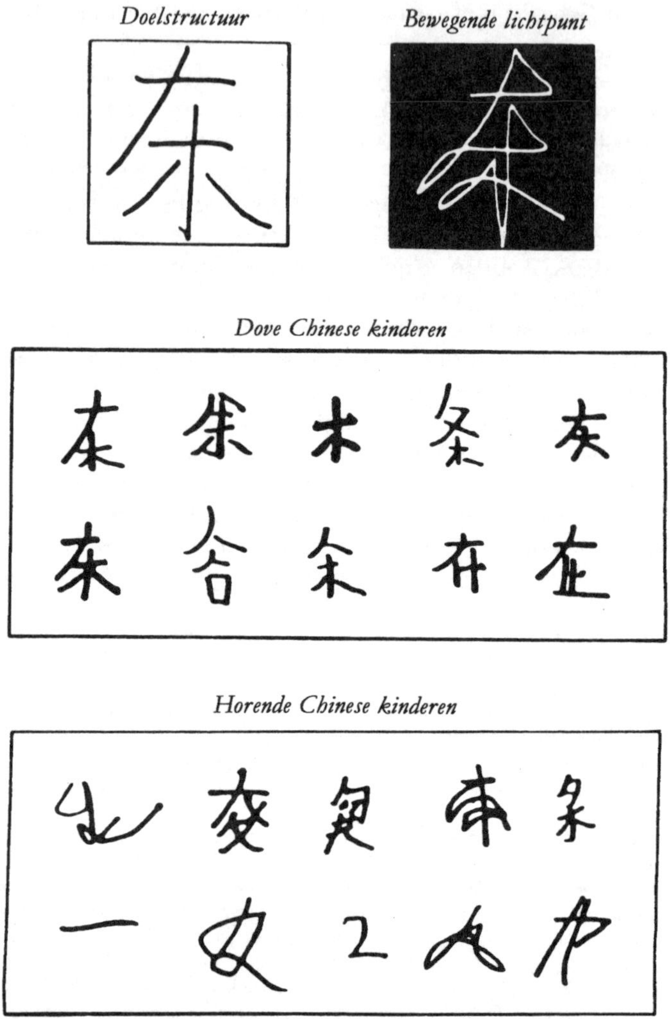

Figuur 4. Dove Chinese kinderen slagen er zeer goed in een Chinees pseudo-karakter (dat door middel van een bewegende lichtpunt op een scherm wordt getoond) te reproduceren, terwijl horende Chinese kinderen deze opdracht zeer slecht uitvoeren.

werden behaald met toetsen voor ruimtelijke organisatie – het vermogen om een geheel te zien in losstaande fragmenten, om objecten waar te nemen (of te construeren). Ook hier scoorden dove vierjarigen buitengewoon hoog, soms zelfs hoger dan leerlingen van de High School. Wat betreft gezichtsherkenning – de Benton-test, die zowel het vermogen tot herkennen van gezichten als tot ruimtelijk transformeren meet – lagen de dove kinderen ook weer opmerkelijk voor op de horende en waren ze zeker veel verder dan hun leeftijdsnorm.

Misschien wel de meest spectaculaire testresultaten zijn afkomstig van dove en horende kinderen uit Hong Kong, die door Bellugi werden getest op hun vermogen om betekenisloze Chinese 'pseudo-karakters' te herkennen en te onthouden die in de vorm van een snel bewegende lichtpunt werden getoond. De dove kinderen konden dit opmerkelijk goed – en de horende kinderen konden er haast niets van (zie figuur 4). De dove kinderen, zo leek het, waren in staat die pseudokarakters te ontleden, om een zeer complexe ruimtelijke analyse te maken, en dat ondersteunde hun visuele perceptie enorm en stelde hen in staat de pseudo-karakters in een flits te 'zien'. Zelfs toen het experiment werd herhaald met dove en horende Amerikaanse kinderen, die totaal geen kennis hadden van Chinese karakters, scoorden de doven aanmerkelijk hoger.

Deze toetsen, waarbij kinderen die gebarentaal kennen hoog boven het gemiddelde scoren (een superioriteit die vooral in de eerste levensjaren uitdrukkelijk aanwezig is), onderstrepen allemaal de speciale visuele vaardigheden die door gebarentaal ontwikkeld worden. Zoals Bellugi ook opmerkt gaat het bij de toetsen die het vermogen tot ruimtelijke organisatie meten niet alleen om het herkennen en benoemen van voorwerpen, maar ook om mentale rotaties, vormpercepties en ruimtelijke indeling, allemaal zaken die relevant zijn voor de ruimtelijke onderbouwing van de syntaxis. Het vermogen om gezichten te herkennen en subtiele variaties in de gelaatsuitdrukking waar te nemen is ook zeer belangrijk voor de gebarentaalgebruiker omdat gelaatsuitdrukkingen een belangrijke rol spelen in de grammatica van bijvoorbeeld ASL.*

Het vermogen om losse configuraties of 'frames' uit een continue stroom bewegingen te lichten (zoals gebeurde met de Chinese pseudokarakters) brengt nog een andere belangrijke capaciteit van gebarentaalgebruikers aan het licht – namelijk hun verhoogde vaardigheid in het ontleden van bewegingen. Dit wordt gezien als analoog aan het vermogen om spraakklanken te analyseren en te onderscheiden uit een continu en steeds veranderend patroon van geluidsgolven. Wij allemaal bezitten dat vermogen in de auditieve sfeer – maar alleen gebarentaalgebruikers kunnen dat op dezelfde gedetailleerde wijze doen met visuele patronen. En dit is natuurlijk ook essentieel voor het begrijpen van een visuele taal, die zich zowel in de tijd als in de ruimte uitstrekt.

Zou het mogelijk zijn de basis van die geïntensiveerde ruimtelijke cognitie in de hersenen te vinden? Neville heeft de fysiologische correlaten van die perceptuele verschuivingen bestudeerd door de veranderingen in de hersengolven (opgewekte potentialen) te meten na visuele prikkels, met name bewegingen aan de rand van het gezichtsveld.[22] (Geïntensiveerde perceptie van dergelijke stimuli is cruciaal voor het

* Dit linguïstisch gebruik van het gelaat hoort onverbrekelijk bij gebarentaal en is totaal verschillend van het normale, affectieve gebruik van de gelaatsspieren; het heeft zelfs een heel verschillende neurale basis. Dit is zeer onlangs aangetoond in een experimentele studie van David Corina. Foto's van gezichten met uitdrukkingen die 'affectief' of 'linguïstisch' geïnterpreteerd konden worden werden tachioscopisch in de linker- en rechterhelft van het gezichtsveld aangeboden aan dove en horende proefpersonen. Horende proefpersonen verwerkten die beelden duidelijk in de rechterhersenhelft, maar de dove proefpersonen vertoonden een overwicht van de linkerhemisfeer bij het 'decoderen' van linguïstische gelaatsuitdrukkingen (Corina, 1989).

De weinige bestudeerde gevallen van de effecten van hersenletsels bij dove gebarentaalgebruikers op het herkennen van gelaatsuitdrukkingen tonen een soortgelijke scheiding tussen de perceptie van affectieve en linguïstische gelaatsuitdrukkingen. Zo kan bij een lesie in de linkerhemisfeer het linguïstisch 'propositioneren' met het gezicht van een gebarentaalgebruiker onbegrijpelijk worden (als onderdeel van een totale gebarenafasie), terwijl de expressiviteit van het gezicht in de gewone zin volledig

verstaan van gebarentaal, want de ogen van de participanten in de communicatie zijn gewoonlijk op elkaars gezicht gericht, zodat de bewegingen van de handen in de periferie van het gezichtsveld plaatsvinden.) Ze heeft de scores van drie groepen proefpersonen met elkaar vergeleken: dove moedertaalgebruikers van gebarentaal, horende niet-gebarentaalgebruikers en horende moedertaalsprekers van gebarentaal (meestal kinderen van dove ouders).

Dove gebarentaalgebruikers reageren sneller op deze stimuli – en dat gaat gepaard met een toename in opgewekte potentialen in de occipitaalkwabben van de hersenen, waar de visuele signalen in eerste instantie worden verwerkt. Een dergelijke toename in reactiesnelheid en occipitale potentialen werd niet waargenomen bij de horende proefpersonen en dat lijkt te duiden op een compensatiemechanisme – verhoogde gevoeligheid van één zintuig bij verlies van een ander (zo kan er ook een grotere auditieve gevoeligheid optreden bij blinden).*

Maar er waren ook intensiveringen op hogere niveaus: de dove proefpersonen konden veel nauwkeuriger de richting van een beweging vaststellen, vooral als die beweging plaatsvond in de rechterhelft van het gezichtsveld, en daarmee

behouden blijft. Lesies in de rechterhemisfeer daarentegen kunnen leiden tot onvermogen om gezichten of normale gelaatsuitdrukkingen te herkennen (een zogenaamde prosopagnosie), terwijl het herkennen van 'propositionele' gelaatsuitdrukkingen binnen de gebarentaal probleemloos blijft verlopen.

Deze scheiding tussen affectieve en linguïstische gelaatsuitdrukkingen kan zich ook uitstrekken tot de produktie: zo was een patiënt uit de groep van Bellugi, die een lesie in de rechterhemisfeer had, in staat zo nodig linguïstische gelaatsuitdrukkingen te produceren, maar het vermogen tot affectieve gelaatsuitdrukkingen was verloren gegaan.

* Het oeroude inzicht dat gehoorverlies tot een 'compensatie' van het gezichtsvermogen leidt kan niet simpelweg worden toegeschreven aan het gebruik van gebarentaal. Alle doven – zelfs de postlinguaal doven, die in de wereld van de spraak blijven – ondergaan een lichte verbetering van het gezichtsvermogen en krijgen een wat meer visuele oriëntatie op de wereld, zoals David Wright schrijft: '*Ik zie niet méér, maar ik zie anders. Wat ik in ieder geval zie, en wat ik direct zie omdat het noodzakelijk is, omdat het voor mij bijna alles uitmaakt wat ik nodig heb voor de interpretatie en diagnose van gebeurtenissen, is*

gepaard ging een toename in de opgewekte potentialen in de pariëtale gebieden van de linkerhersenhelft. Die intensiveringen werden ook geconstateerd bij horende kinderen van dove ouders en zijn dus niet een gevolg van doofheid op zich, maar van een vroege verwerving van gebarentaal (waarvoor een superieure perceptie van visuele stimuli vereist is). Het is echter niet alleen het waarnemen van bewegingen in het randgebied van het gezichtsveld dat bij gebarentaalgebruikers verschoven is van de rechter- naar de linkerhersenhelft. Neville en Bellugi hebben aanwijzingen gevonden – al in een vroeg stadium – dat er eenzelfde linkerhemisfeer-specialisatie (en verschuiving van de 'normale' rechterhemisfeer-specialisatie) bij dove gebarentaalgebruikers plaatsvindt voor het herkennen van beelden, het lokaliseren van punten en het herkennen van gezichten.[23]*

Maar de grootste intensiveringen werden gevonden bij dove gebarentaalgebruikers – en het interessante was dat bij hen de intensiveringen van opgewekte potentialen helemaal tot voor in de hersenen waren uitgebreid, tot in de linkertemporaalkwab, waaraan normaal gesproken een puur auditief functioneren wordt toegeschreven. Dat is een zeer opmerkelijke en vermoedelijk fundamentele bevinding, want het wijst erop dat delen van de hersenen die gewoonlijk een auditieve functie hebben bij doven *een andere functie krijgen*, namelijk: verwerken van visuele signalen. Dat is een van de meest spectaculaire bewijzen voor de plasticiteit van het centraal zenuwstelsel en van de mate waarin het zich kan aanpassen aan een andere zintuiglijke modus.

beweging van en met betrekking tot voorwerpen. En wat mensen en dieren betreft: houding, uitdrukking, loop, gebaren [...] Bijvoorbeeld: net zoals iemand die ongeduldig staat te wachten tot zijn vriend een telefoongesprek beëindigt aan de intonatie kan horen wanneer het bijna afgelopen is, zo ziet een dove – als iemand die buiten een glazen telefooncel staat te wachten – wanneer er afscheid genomen wordt of wanneer de beslissing valt om de hoorn op de haak te leggen. Hij merkt een lichte verschuiving op van de hand die het apparaat vasthoudt, een verandering van houding, schuifelen met de voeten, en die typische verandering van gelaatsuitdrukking die aangeeft dat er een besluit genomen is. Afgesneden als hij is van auditieve signalen leert de dove de kleinste visuele aanwijzingen op te merken.' (Wright, 1969, p. 112)

* Men moet niet denken dat alle visueel-cognitieve functies van dove

Dergelijke onderzoeksresultaten roepen ook fundamentele vragen op over de mate waarin het centraal zenuwstelsel, of althans de hersenschors, genetisch bepaald is (met vaste centra en vaste lokalisaties – gebieden die 'voorgedrukt', 'voorgeprogrammeerd' of 'voorbestemd' zijn voor bepaalde functies), en in welke mate het plastisch is en gemodificeerd kan worden door de zintuiglijke ervaring. De beroemde experimenten van Hubel en Wiesel hebben aangetoond dat de visuele cortex sterk gemodificeerd kan worden door visuele stimuli, maar ze hebben niet duidelijk gemaakt in hoeverre prikkels van buitenaf louter ingebouwde vermogens opwekken en in hoeverre ze die vermogens mede bepalen en vormen. De onderzoekingen van Neville wijzen op een vorming van de functie door de ervaring – want het is nauwelijks voor te stellen dat de auditieve cortex op doofheid of visuele prikkels zat te 'wachten' om van karakter te veranderen en visueel te worden. Dergelijke resultaten zijn moeilijk anders te verklaren dan met behulp van een radicaal nieuwe theorie, een die het zenuwstelsel niet ziet als een universele machine die voor alle (potentiële) functies volledig is ingericht en voorgeprogrammeerd, maar als een systeem *in wording* dat altijd kan veranderen, dat vrij is om volledig verschillende vormen aan te nemen, binnen de beperkingen van wat genetisch is toegestaan.

*

gebarentaalgebruikers naar de linkerhemisfeer zijn verplaatst. De storende (vaak verwoestende) gevolgen van lesies in de rechterhemisfeer voor de gebaren maken duidelijk dat deze hersenhelft even belangrijk is voor sommige visueel-cognitieve vaardigheden die aan het vermogen tot gebarentaal ten grondslag liggen. S.M. Kosslyn heeft onlangs geopperd dat de linkerhemisfeer beter is in de produktie van beelden en de rechterhemisfeer in het manipuleren en transformeren van beelden (Kosslyn, 1987); als dit waar is, dan zullen lesies in de verschillende hemisferen verschillende componenten van de mentale verbeelding en de ruimtelijke representatie van gebarentaal aantasten. Bellugi en Neville bereiden verdere studies voor om te zien of dergelijke differentiële effecten (zowel wat betreft simpele perceptuele taken als complexe beeldvorming) inderdaad te vinden zijn bij gebarentaalgebruikers met letsel in een van beide hemisferen.

Om het belang van deze bevindingen te kunnen begrijpen moeten we ook op een andere manier kijken naar de twee hersenhelften en hun verschillen en de dynamische rol die ze spelen bij cognitieve processen. Zo'n nieuwe zienswijze is naar voren gebracht door Elkhonon Goldberg c.s. in een reeks onderzoeksverslagen en theoretische artikelen.[24]

De klassieke opvatting is dat de twee hersenhelften vaste (of 'toegewezen') en elkaar uitsluitende functies hebben: talig/niet-talig, sequentieel/simultaan en analytisch/Gestalt zijn enkele van de veronderstelde dichotomieën. Die opvatting botst duidelijk met een visueel-ruimtelijke taal.

Goldberg wil ten eerste het begrip taal verruimen tot 'beschrijvende systemen' in het algemeen. In zijn formulering bestaan dergelijke beschrijvende systemen uit superstructuren die hiërarchisch gerangschikt zijn boven elementaire 'aftastsystemen' (zoals het visuele centrum in de hersenen), en van deze systemen (of 'codes') zijn er verschillende werkzaam bij normale cognitie. Een van die supersystemen is natuurlijk taal, maar er kunnen vele andere zijn – zoals het wiskundig beschrijvingssysteem, het muziekschrift, spelregels (voor zover deze gecodeerd zijn in een speciale notatie). Het kenmerk van al deze systemen is dat ze eerst tastenderwijs, met vallen en opstaan, geleerd worden en daarna een automatische perfectie bereiken. Zoals bij alle cognitieve processen kunnen er ook hier twee benaderingswijzen zijn, twee cerebrale 'strategieën', en is er een omslag (met het aanleren van de vaardigheid) van de ene naar de andere. In deze visie is de rol van de rechterhemisfeer cruciaal voor *nieuwe* situaties, waarvoor nog geen vast beschrijvingssysteem of vaste code bestaat – en ze speelt ook een rol bij het opstellen van dergelijke codes. Is zo'n code opgesteld, of ontstaan, volgt een functieoverdracht van de rechter- naar de linkerhemisfeer, want de laatste beheerst alle processen die in termen van zulke grammatica's of codes georganiseerd zijn. (Een nieuwe linguïstische taak zal dus aanvankelijk overwegend door de rechterhersenhelft worden aangepakt en pas daarna een automatisme worden van de linkerhelft. En omgekeerd, een visueel-ruimtelijke taak, ook al is ze visueel-ruimtelijk, zal, als ze kan worden ingebed in een notatie of code, een linkszijdige dominantie vertonen.)*

In zo'n benadering – zo verschillend van de klassieke opvattingen over vaste hemisfeerfuncties – wordt begrijpelijk wat de rol is van het *individu*, van zijn ervaring en ontwikkeling, van zijn eerste aarzelende stappen (in de behandeling van linguïstische of andere cognitieve taken) tot volledige beheersing en perfectie.† (Geen van de hersenhelften is 'verder ontwikkeld' of 'beter' dan de andere; ze zijn alleen bestemd voor verschillende cognitieve dimensies en stadia. Ze zijn allebei complementair, er is een wisselwerking tussen de twee en samen overwinnen ze nieuwe problemen.) Deze

* Lenneberg, schrijvend over de kritieke leeftijdsfase voor taalverwerving (die hij in verband ziet met hemisfeerdominantie), zegt dat bij doofgeborenen het lateralisatieproces normaal plaatsvindt, mits vóór het zevende jaar taal wordt geleerd. Soms echter is de lateralisatie onvolledig: misschien, schrijft Lenneberg, 'valt een betrekkelijk groot percentage van de congenitaal (en linguïstisch achtergebleven) doven in deze categorie'.

Een vroege taalverwerving, of het nu gesproken taal of gebarentaal betreft, lijkt de taalvermogens van de linkerhemisfeer te activeren; en een tekort aan taalaanbod, gedeeltelijk of totaal, lijkt de ontwikkeling en groei van de linkerhemisfeer te vertragen.

† Cudworth schrijft in de zeventiende eeuw dat een '*handige en bekwame kunstschilder veel verfraaiingen en versierselen in een kunstwerk zal zien, en opgetogen zal zijn over allerlei penseelstreken en schaduwwerkingen in een schilderij die het gewone oog totaal niet opmerkt; en een musicus die een groepje geoefende muzikanten een uitstekende meerstemmige compositie ten gehore hoort brengen, zal uiterst verrukt zijn over de vele harmonische melodieën en loopjes waarvoor een ongeoefend oor totaal ongevoelig is.*' (R. Cudworth, 'Treatise Containing Eternal and Immutable Morality', geciteerd in Chomsky, 1966.)

Het vermogen om van een 'gewoon oog' of een 'ongeoefend oor' over te gaan naar artistieke vaardigheid en bekwaamheid gaat samen met een verschuiving van rechter- naar linkerhemisfeerdominantie. Er zijn sterke aanwijzingen (zowel uit onderzoek naar de gevolgen van hersenletsels, zoals A.R. Luria heeft verricht, als uit experimenteel onderzoek: zogenaamde dichotische luisterproeven) dat muzikale perceptie voornamelijk een functie is van de rechterhemisfeer bij overwegend 'naïeve' luisteraars, maar dat het een linkerhemisfeerfunctie wordt bij professionele musici en 'ervaren' luisteraars (die de 'grammatica' en de regels bevatten en voor wie het muziekstuk een complexe formele structuur is geworden). Een speciaal soort 'ervaren luisteren' is nodig voor Kantonees of Thais, waarvan de morfologie berust op toononderscheidingen die in Europese talen niet voorkomen. Er zijn aanwijzingen dat dit (normaliter een rechterhemisfeerfunctie) een

zienswijze maakt ondubbelzinnig duidelijk hoe gebarentaal (ofschoon visueel-ruimtelijk) een functie van de linkerhersenhelft kan worden en hoe andere soorten visuele vermogens – van het waarnemen van beweging tot het waarnemen van patronen, van de perceptie van ruimtelijke relaties tot de perceptie van gelaatsuitdrukkingen – eveneens worden overgenomen door de linkerhersenhelft omdat ze in de ontwikkeling onderdeel worden van de gebarentaal. Nu kunnen we begrijpen waarom de gebarentaalgebruiker in velerlei opzichten een visuele 'expert' wordt, zowel in bepaalde niet-linguïstische als linguïstische taken – hoe niet alleen een visuele taal kan ontstaan, maar ook een speciale visuele gevoeligheid en intelligentie.

We hebben meer harde gegevens nodig over de ontwikkeling van een 'hogere' visualiteit, een visuele stijl – het soort gegevens die Bellugi en Neville hebben vergaard over de intensivering van 'lagere' visueel-cognitieve functies bij doven.* Voorlopig hebben we hierover alleen anekdotische

linkerhemisfeerfunctie wordt bij vloeiende sprekers van het Thais: met het rechteroor (en dus de linkerhersenhelft) kunnen ze fijnere onderscheidingen maken dan met het linkeroor en bij lesies in de linkerhemisfeer is het vermogen tot toononderscheiding ernstig aangetast.

Een soortgelijke functieverschuiving treedt op bij mensen met een 'wiskundeknobbel' of een 'rekenknobbel'. Zij zijn in staat wiskundige concepten of getallen te zien als onderdelen van een groot, gestructureerd intellectueel universum of schema. Hetzelfde geldt misschien voor kunstschilders en architecten, die ruimte en visuele relaties zien zoals geen 'gewoon oog' ze kan zien. En het geldt voor mensen die bedreven zijn in kaarten, of morsetekens, of schaken. Alle hogere sferen van wetenschappelijke of artistieke intelligentie, alsmede banale spelletjesvaardigheden, vereisen representationele systemen die functioneel overeenkomen met taal en op dezelfde manier ontstaan; allemaal lijken ze te verschuiven naar de linkerhemisfeer.

* Er is een omvangrijke en enigszins controversiële literatuur over de aard van cognitieve functies bij doven. Er bestaan aanwijzingen dat ze door hun krachtige visualiteit gedreven worden in de richting van specifiek 'visuele' (of logisch-ruimtelijke) vormen van herinneren en denken; dat, geconfronteerd met complexe problemen die verschillende stappen vereisen, de doven deze en hun mogelijke oplossingen over het algemeen rangschikken in een logische ruimte, terwijl de horenden ze in een temporele (of 'auditieve') orde rangschikken. (Zie o.m. Belmont, Karchmer en Bourg, 1983.)

en subjectieve informatie, maar die subjectieve informatie is waardevol en verdient grondige aandacht. Zelfs Bellugi c.s., die zelden van het streng wetenschappelijke pad afwijken, laten zich verleiden om in hun boek *What the Hands Reveal about the Brain* de volgende observatie op te nemen:

> Dit beeldende aspect van gebarentaal zagen we pas ten volle toen een dove vriend bij ons op bezoek kwam en ons vertelde over zijn nieuwe huis. Vijf minuten ongeveer beschreef hij het tuinhuisje waar hij nu woonde – de kamers, de indeling, de meubels, de ramen, het uitzicht, enzovoort. Hij beschreef alles zo gedetailleerd en met zulke expliciete gebaren, dat we het gevoel hadden dat hij het hele huisje, de tuin, de heuvels, de bomen, alles in beelden voor ons had neergezet.[25]

Wat hier verteld wordt is (voor ons) moeilijk voor te stellen – je moet het gezien hebben. Het lijkt erg op wat de ouders van Charlotte over hun kind zeggen – dat ze in staat is een reëel (of fictief) landschap voor te toveren, zo gedetailleerd, zo volledig, zo levendig dat je er volkomen in opgaat. Die beeldende of verbeeldende kracht hoort bij gebarentaal – ook al is gebarentaal zelf volstrekt geen 'beeldtaal'.

De keerzijde van deze linguïstische virtuositeit, en visuele virtuositeit in het algemeen, is de tragisch achtergebleven linguïstische en intellectuele functies van veel dove kinderen. Het is duidelijk dat de hoge linguïstische en visuele vaardigheden van goed functionerende doven leiden tot een sterke cerebrale lateralisatie, waarbij taalfuncties (en ook visueel-cognitieve functies in het algemeen) verschoven worden naar een goed ontwikkelde *linker*hemisfeer. Maar, zo vragen we ons af, hoe is de situatie bij de achtergebleven doven?

Rapin werd getroffen door 'een opmerkelijke linguïstische deficiëntie' bij veel dove kinderen met wie zij werkte – vooral een onvermogen om vragende vormen te begrijpen, om de structuur van zinnen te begrijpen – een onvermogen om de taalcode te manipuleren. Schlesinger toont ons andere facetten van deze deficiëntie en daaruit blijkt dat ook de intellectuele vermogens eronder te lijden hebben: achtergebleven doven hebben volgens haar niet alleen moeite met het begrijpen van vragen, maar ze verwijzen ook alleen naar voorwerpen in hun onmiddellijke omgeving, ze hebben geen begrip van 'veraf', van 'eventualiteit', ze formuleren geen hypothesen, ze klimmen niet op tot hogere categorieën en zijn in het algemeen beperkt tot een preconceptuele, perceptuele wereld. Zij vond dat hun zinnen syntactisch en semantisch rammelden, maar ook duidelijk in een veel diepere zin gebrekkig waren.

Hoe moeten we die deficiëntie nu kenmerken? Daarvoor hebben we een nieuw beschrijvingsapparaat nodig, een dat abstraheert van de linguïstische categorieën syntaxis, semantiek, fonetiek. Zo'n apparaat wordt, opnieuw, door Goldberg geleverd in zijn bespiegelingen over 'geïsoleerde rechterhemisfeer-spraak'.[26] Taal van de rechterhersenhelft kan *ad hoc* ergens naar verwijzen (aanwijzen, etiketteren, dit-hier-nu) – de referentiële basis voor een taalcode opstellen – maar kan niet verder gaan en manipulaties van de code, of interne inferenties mogelijk maken. Meer algemeen gezegd: de rechterhemisfeer is in zijn functioneren beperkt tot perceptuele organisatie en kan de overgang niet maken naar een categorische, op definities gebaseerde lexicale organisatie; ze is (in Zaidels termen) uitsluitend 'experiëntieel' en kan het 'paradigmatische' niet bevatten.*

Deze referentiële verwerking, met een volledig ontbreken van regelmanipulatie, is precies wat we zien bij doven met taalachterstand. Hun taal, hun lexicale organisatie, *lijkt* op die van mensen met rechterhemisfeer-spraak. Een dergelijke

* Deze tweedeling doet denken aan Bruners tweedeling in 'narratief' en 'paradigmatisch', die hij ziet als de twee natuurlijke, elementaire modaliteiten van het denken (zie Bruner, 1986). Het is verleidelijk de narratieve modaliteit te zien als een functie van de rechterhemisfeer en de paradigmatische als een functie van de linkerhemisfeer. In ieder geval is de narratieve modaliteit van denken en taal bij zwakzinnigen soms opmerkelijk ontwikkeld en is de paradigmatische ernstig gestoord.

aandoening wordt meestal geassocieerd met beschadiging van de linkerhersenhelft op latere leeftijd, maar kan ook het gevolg zijn van een gestoorde ontwikkeling – van het feit dat de overgang niet wordt gemaakt van de aanvankelijke lexicale functies van de rechterhersenhelft naar een volwassen, syntactisch ontwikkeld linguïstisch functioneren van de linkerhersenhelft.

Zijn er aanwijzingen dat dit inderdaad gebeurt bij linguïstisch deficiënte, achtergebleven doven? Lenneberg vroeg zich af of bij doofgeborenen niet over het algemeen sprake is van een onvolledige cerebrale lateralisatie, maar destijds (1967) waren de verschillende lexicale capaciteiten en kenmerken van de afzonderlijke hersenhelften nog niet precies afgebakend.

De kwestie is vanuit neurofysiologische hoek onderzocht door Neville, die schrijft: 'Als taalervaringen invloed hebben op de cerebrale ontwikkeling, dan zou de cerebrale specialisatie voor een deel verschillend moeten zijn bij horenden en doven als ze Engels lezen.' En inderdaad, ze kwam tot de ontdekking dat het merendeel van de doven die zij testte niet het patroon van linkerhemisfeer-specialisatie vertoonde dat bij horenden wordt waargenomen. Dit, opperde ze, komt doordat ze geen volledige grammaticale beheersing van het Engels hebben. Vier van Nevilles doofgeboren proefpersonen die wel het Engels perfect beheersten hadden dan ook een 'normale' linkerhemisfeer-specialisatie. Dus, in de woorden van Neville: 'beheersing van de grammatica is noodzakelijk en voldoende voor linkerhemisfeer-specialisatie – als deze maar vroeg genoeg verworven wordt.'

Uit de fenomenologische beschrijvingen van Rapin en Schlesinger, alsmede uit de gedragskundige en neurofysiologische evidentie die Neville heeft vergaard, blijkt duidelijk dat taal de ontwikkeling van de hersenen voor een groot deel kan beïnvloeden – en dat, als de taalontwikkeling achterblijft of anderszins gestoord is, het rijpingsproces van de hersenen vertraagd kan worden, met als gevolg een onderontwikkelde linkerhemisfeer die in feite de persoon in kwestie beperkt tot taalvermogen dat typerend is voor de rechterhemisfeer.*

Het is niet duidelijk hoe blijvend zo'n onderontwikkeling kan zijn. Schlesingers observaties wijzen erop dat de achterstelling levenslang kan zijn als er niets aan gedaan wordt. Door op de juiste manier in te grijpen kan men de zaak echter in de puberteit nog enigszins herstellen of zelfs terugdraaien.[27] Zo bieden de leerlingen van Braefield, een lagere school voor doven, een bedroevende aanblik, maar een paar jaar later kunnen dezelfde leerlingen, of velen van hen, als adolescenten al veel beter functioneren op bijvoorbeeld Lexington, een middelbare school voor doven. (En, iets dat niets te maken heeft met 'ingrijpen': dan ontdekken ze vaak, enigszins verlaat, de dovenwereld, en dit kan leiden tot een linguïstische intimiteit, een cultuur en gemeenschapsgevoel, een gevoel van eindelijk 'thuiskomen', dat het vroegere isolement een beetje kan compenseren.)

Dit zijn in zeer algemene termen de neurologische horden die de doofgeborene moet nemen. Taal noch de hogere vormen van cerebrale ontwikkeling vinden 'spontaan' plaats: ze zijn afhankelijk van aanbod van taal, communicatie en correct taalgebruik. Als dove kinderen niet vroeg een goed taalgebruik en een goede communicatie worden aangeboden, kan de rijping van hun hersenen vertragen (of zelfs tot stilstand komen), waarbij de rechterhersenhelft dominant wordt en de functieverschuiving van rechter- naar linkerhemisfeer achterwege blijft. Als echter in de puberteit taal, een linguïstische code, kan worden aangeboden, dan lijkt de vorm van die code (spraak of gebaren) er niet toe te doen: belangrijk is dat het aanbod rijk genoeg is om interne manipulatie mogelijk te maken – dan kan de normale linkszijdige lateralisatie plaatsvinden. En als de eerste taal gebarentaal is, zullen daarnaast

* Dat leek het geval te zijn met de taal van Genie, die arm was aan syntaxis maar rijk aan woorden (zie p. 70): *'Genies taal [schrijft Curtiss] lijkt op rechterhemisfeertaal. Dichotische luistertoetsen wijzen uit dat haar taal inderdaad in de rechterhemisfeer zetelt. Haar geval kan als aanwijzing gelden dat na de "kritieke periode" de linkerhemisfeer niet langer de controle over de taalverwerving kan krijgen en de rechterhemisfeer hoofdzakelijk de verwerving en representatie van taal zal uitvoeren.'* (Curtiss, 1977, p. 216.)

allerlei visueel-cognitieve vaardigheden worden geïntensiveerd, dit alles te zamen met een functieoverdracht van de rechter- naar de linkerhemisfeer.*

Onlangs zijn er fascinerende observaties gedaan met betrekking tot de gevoeligheid van de hersenen voor gebarentaal – met name de neiging om ASL-achtige, of, in meer algemene termen, gebarentaalachtige vormen te produceren, *ongeacht* de vorm van de gebarentaal die aangeboden wordt. James Gee en Wendy Goodhart bijvoorbeeld hebben overtuigend aangetoond dat wanneer dove kinderen een in gebaren gecodeerde vorm van Engels krijgen aangeboden, *maar geen* ASL, ze dan 'vaak zelf ASL-achtige vormen maakten zonder dat ze die kregen aangeboden'.[28] Dat is een verbazingwekkende ontdekking: dat kinderen die nooit ASL hebben gezien toch zo'n soort taal ontwikkelen.

Elissa Newport en Sam Supalla hebben aangetoond dat kinderen grammaticaal correcte ASL-zinnen produceren ook al krijgen ze, zoals zo vaak het geval is, een gebroken vorm van de taal aangeboden – een duidelijk teken van een aangeboren grammaticaal vermogen van de hersenen.[29] De bevindingen van Gee en Goodhart leiden nog een stap verder: de hersenen neigen automatisch naar gebarentaalachtige vormen en 'zetten' zelfs andersoortige gebaren 'om' *in* gebarentaalachtige vormen. 'Gebarentaal staat dichter bij de taal van de hersenen,' zoals Edward Klima opmerkt, en is dus 'natuurlijker' voor het opgroeiende kind dat een gebarentaalgrammatica moet construeren.

Sam Supalla heeft onafhankelijke evidentie voor deze stelling gevonden.[30] Hij richtte zich speciaal op de middelen die worden gebruikt om grammaticale relaties te markeren (die

* Onlangs heeft men een onderwijsexperiment uitgevoerd in Prince George's County, Maryland, waarbij gebarentaal werd gegeven aan normale horende kinderen in de kleuterklassen en de eerste klas. De kinderen leren de taal gemakkelijk en vinden het leuk en daarbij gaan ze duidelijk vooruit in lezen en andere vaardigheden. Het zou kunnen dat deze verbetering in het lezen, in het vermogen om de vorm van woorden en letters te herkennen, het gevolg is van de intensivering van de ruimtelijk-analytische vermogens die gepaard gaat met het leren van gebarentaal.

zijn allemaal ruimtelijk in ASL, maar in Engels met gebaren zijn ze sequentieel, net als in gesproken Engels) en vond dat dove kinderen die alleen Engels met gebaren kregen aangeboden die grammaticale middelen *vervingen* door puur ruimtelijke, 'gelijkend op de vormen van ASL of andere natuurlijke gebarentalen'. Supalla zegt dat deze 'spontaan gecreëerd' worden of evolueren.

Het is al vele jaren bekend dat Engels met gebaren onhandig is en moeilijk in het gebruik: 'De doven,' schrijft Bellugi, 'zeggen dat ze de afzonderlijke gebaren gemakkelijk kunnen begrijpen, maar dat ze moeite hebben met het verwerken van de boodschap als geheel wanneer de informatie sequentieel wordt uitgedrukt.'[31] Deze moeilijkheden, die niet verminderen met het gebruik, zijn te wijten aan fundamentele neurologische beperkingen – met name van het korte-termijngeheugen en de cognitie. Die moeilijkheden doen zich echter niet voor bij ASL, dat met zijn ruimtelijke middelen volmaakt is toegesneden op een visuele modaliteit en dat gemakkelijk en zeer snel te gebaren en te begrijpen is. De overbelasting van het korte-termijngeheugen en van de cognitieve capaciteit die zich voordoet bij Engels met gebaren, wordt door dove volwassenen als moeilijk en drukkend ervaren. Dove kinderen echter, die nog over het vermogen beschikken om grammaticale structuren te *creëren* – oppert Supalla – worden door de cognitieve moeilijkheden die gepaard gaan met het leren van gesproken taal in gebarenvorm gedwongen hun eigen linguïstische structuren te creëren, om hun eigen ruimtelijke grammatica te scheppen of te ontwikkelen.

Als dove kinderen alleen Engels met gebaren krijgen aangeboden, zo heeft Supalla verder aangetoond, dan kan 'hun natuurlijke vermogen tot taalverwerving en -verwerking' en hun vermogen om grammatica's te creëren en te begrijpen worden aangetast, tenzij ze in staat zijn hun eigen linguïstische structuren te creëren. Gelukkig zijn kinderen op de 'Chomskyaanse' leeftijd in staat hun eigen linguïstische structuren, hun eigen ruimtelijke grammatica te creëren. Dat moeten ze wel, om linguïstisch te kunnen overleven.

Deze onderzoeksresultaten met betrekking tot het spontaan ontstaan van gebarentaal of van gebarentaalachtige structuren bij kinderen werpen waarschijnlijk een belangrijk licht op de oorsprong en evolutie van gebarentaal in het algemeen. Want het lijkt wel of de hersenen, gezien de beperkingen van taal in een visueel medium en de fysiologische beperkingen van het korte-termijngeheugen en van de cognitie, *niet anders kunnen* dan het soort linguïstische structuren, het soort ruimtelijke organisatie, voortbrengen die we in gebarentaal zien. En er zijn sterke aanwijzingen dat alle natuurlijke gebarentalen – en er zijn er vele honderden over de hele wereld, die zich afzonderlijk en onafhankelijk hebben ontwikkeld overal waar groepen dove mensen bestaan – ongeveer dezelfde ruimtelijke structuur hebben. Geen van alle lijken ze ook maar in het minst op een gebarenvorm van gesproken taal. Allemaal hebben ze, naast hun specifieke verschillen, een generieke overeenkomst met ASL. Er bestaat geen universele gebarentaal, maar er schijnen wel universele elementen in alle gebarentalen te zitten, geen universele betekeniselementen, maar grammaticale vormen.*

*

Er zijn goede redenen om aan te nemen (hoewel daarvoor geen rechtstreekse bewijzen zijn) dat het taalvermogen van de mens is aangeboren en in wezen in alle mensen hetzelfde is.

* De honderden gebarentalen die overal op de wereld spontaan zijn ontstaan, zijn even verschillend en gedifferentieerd als de gesproken talen van de wereld. Er is geen universele gebarentaal. Maar er kunnen wel universalia *in* gebarentalen zijn, die het mede mogelijk maken dat gebruikers van verschillende gebarentalen elkaar veel vlugger begrijpen dan sprekers van uiteenlopende gesproken talen. Een Japanner die geen vreemde taal spreekt zou in Arkansas volkomen verloren zijn, net zoals een Amerikaan die alleen maar Engels spreekt op het Japanse platteland. Maar een dove Amerikaan kan betrekkelijk snel contact leggen met zijn gebarende broeders in Japan, Rusland of Peru – hij zou zich nauwelijks verloren voelen. Gebarentaalgebruikers (vooral degenen die gebarentaal als moedertaal hebben) leren, of ten minste begrijpen, andere gebarentalen zeer snel, op een manier die je bij sprekers nooit tegenkomt (met uitzondering misschien van mensen met een

De bijzondere vorm van een grammatica (de grammatica van bijvoorbeeld het Engels, het Chinees, of van een gebarentaal) – wordt bepaald door de ervaringen van het individu, en ligt genetisch niet vast maar is een epigenetische verworvenheid. Die vorm wordt 'geleerd', of misschien moet je zeggen – we hebben het over iets primitiefs en onderbewusts – dat die *evolueert* uit de wisselwerking tussen een algemeen (of abstract) linguïstisch vermogen en de bijzondere ervaring – een ervaring die in het geval van doven apart, ja zelfs uniek is omdat ze een visuele modaliteit heeft.

Wat Gee en Goodhart en Samuel Supalla observeren *is* een evolutie, een verrassende (en radicale) modificatie van grammaticale vormen, onder invloed van deze visuele noodzaak. Ze beschrijven een verandering, de grammaticale vorm die zichtbaar voor hun ogen verandert en ruimtelijk wordt naarmate Engels met gebaren wordt 'omgezet' in een ASL-achtige taal. Ze schilderen een evolutie van grammaticale vormen – maar dan een die zich binnen een paar maanden voltrekt.

Taal wordt actief gemodificeerd, de hersenen zelf worden actief gemodificeerd, met de ontwikkeling van een geheel nieuw vermogen tot 'talig maken' van de ruimte (of het ruimtelijk maken van taal). Tegelijkertijd worden de andere visueel-cognitieve vaardigheden die Bellugi en Neville beschrijven geïntensiveerd. Er moeten fysiologische en (konden we ze maar zien!) anatomische hergroeperingen en reorganisaties plaatsvinden in de microstructuur van de hersenen.

speciale gave daarvoor). Binnen een paar minuten volgt meestal al een zekere verstandhouding door middel van mime en pantomime (waarin gebarentaalgebruikers buitengewoon handig zijn). Na een dag is er een grammaticaloze pidgintaal en binnen pakweg drie weken heeft de gebaarder een vrij redelijke kennis van de vreemde gebarentaal, voldoende om gedetailleerde gesprekken over ingewikkelde onderwerpen mogelijk te maken. Een indrukwekkend voorbeeld hiervan werd gegeven in augustus 1988, toen het Amerikaanse National Theater of the Deaf Tokyo bezocht en samen met het Japanse doventheater een stuk opvoerde. 'De dove acteurs van het Amerikaanse en Japanse gezelschap waren al gauw in druk gesprek gewikkeld,' rapporteerde David E. Sanger in *The New York Times* (29 augustus 1988), 'en aan het eind van de middag tijdens een van de laatste repetities zaten ze al op elkaars golflengte.'

Neville denkt dat de hersenen in het begin een grote neuronale redundantie en plasticiteit hebben, die vervolgens door de ervaring 'gesnoeid' wordt, op de ene plaats een synapsis, een verbinding tussen zenuwcellen, versterkend en op andere plaatsen zulke verbindingen remmend of onderdrukkend, al naar gelang de selectieve druk van verschillende zintuiglijke indrukken. Het is duidelijk dat aangeboren eigenschappen alleen de volledige complexiteit van verbindingen in het centraal zenuwstelsel niet kunnen verklaren – wat voor constanten er bij de geboorte ook aanwezig zijn: er komt altijd tijdens de groei een verdere diversificatie aan te pas. Deze postnatale ontwikkeling, of epigenese, staat centraal in het werk van Jean-Pierre Changeux.[32]

Een totaal andere hypothese, zelfs een geheel andere manier van denken, is onlangs voorgesteld door Gerald Edelman.[33] Voor Changeux is de eenheid van selectie het individuele neuron en voor Edelman is dit de neuronale groep, en alleen op dit niveau, waar verschillende neuronale groepen of populaties geselecteerd worden onder de concurrentiedruk van de omgeving, kan er sprake zijn van *evolutie* (onderscheiden van louter groei of ontwikkeling). Op grond van deze denkwijze kan Edelman een zuiver biologisch, zelfs darwinistisch, model opstellen – in tegenstelling tot dat van Changeux, dat zuiver mechanisch is.* Volgens Darwin vindt

* Dit punt wordt ook naar voren gebracht door Francis Crick in een recent artikel over neurale netwerken (Crick, 1989). Crick beschrijft een computermodel, NET*talk* geheten, dat na invoering van een onbekende gesproken Engelse tekst eerst begint te brabbelen, omdat de interne schakelingen nog willekeurig zijn, maar al gauw de woorden met een nauwkeurigheid van 90 procent leert uitspreken. Dus, zegt Crick, 'heeft het de regels van de Engelse uitspraak, die bepaald niet eenvoudig zijn, op een impliciete manier geleerd, aan de hand van voorbeelden alleen, en niet omdat die regels expliciet in een programma waren ingebouwd'. Wat een 'Chomskyaanse' opgave lijkt, zij het een eenvoudige vergeleken met het verwerven van een grammatica, wordt hier gedaan puur door een netwerk van kunstmatige neuronen met willekeurige verbindingen. Er is de laatste tijd nogal wat te doen geweest over dergelijke neurale netwerken, maar de eigenlijke mechanismen die in de hersenen zijn geëvolueerd, denkt Crick, zijn nog totaal onbekend en waarschijnlijk van een heel andere (en meer 'biologische') orde en aard.

natuurlijke selectie in populaties plaats als reactie op de selectiedruk van de omgeving. Edelman ziet dit proces voortgaan *in het organisme zelf* (hij spreekt hier van 'somatische selectie') en beschouwt het als bepalend voor de individuele ontwikkeling van het centraal zenuwstelsel. Het feit dat het bij deze processen gaat om *populaties* (van zenuwcellen) maakt potentieel grotere veranderingen mogelijk.

De theorie van Edelman geeft een gedetailleerd beeld van de wijze waarop neuronale 'blauwdrukken' gevormd kunnen worden die het organisme in staat stellen zich (zonder instructie) aan te passen aan totaal nieuwe perceptuele taken, nieuwe perceptuele vormen en categorieën te creëren of te reconstrueren, nieuwe oriëntaties, nieuwe benaderingen van de wereld. Dat is precies de situatie van het dove kind: het wordt in een perceptuele (en cognitieve en linguïstische) situatie geplaatst waarvoor geen genetisch precedent bestaat en waarvoor het geen leermiddelen ter beschikking heeft; en toch, als het maar even de kans krijgt, zal het totaal nieuwe vormen van neurale organisatie, van neurale blauwdrukken, ontwikkelen die het in staat stellen de taalwereld te beheersen en op een geheel nieuwe wijze te verwoorden. Een spectaculairder voorbeeld van somatische selectie, van neuraal darwinisme in werking, laat zich moeilijk denken.

*

Doof zijn, doof geboren worden, plaatst iemand in een buitengewone positie, waarin zich verschillende taalmogelijkheden voordoen en dus ook verschillende intellectuele en culturele mogelijkheden die wij, kinderen van de wereld van gesproken taal, zelfs maar in de verste verten niet kunnen vermoeden. Wij zijn niet gehandicapt en wij worden qua taal niet op de proef gesteld, zoals de doven: wij lopen nooit het gevaar taalloos te worden, of ernstig in ons taalvermogen geremd; maar we ontdekken of creëren ook geen verrassende nieuwe taal.

Het verfoeilijke experiment van koning Psammetichos – die twee kinderen door herders liet grootbrengen die nooit tegen hen spraken, om te zien welke taal ze van nature zouden spreken (als ze al een taal zouden gaan spreken) – kan żich met elk doofgeboren kind herhalen.* Een klein aantal van hen – misschien tien procent – bestaat uit kinderen van dove ouders die van het begin af aan gebarentaal krijgen aangeboden en deze dan ook als moedertaal leren. De rest leeft gedwongen in een auditief-orale wereld, die biologisch, linguïstisch en emotioneel slecht is toegerust om hen op te vangen. Doofheid op zichzelf is het probleem niet: het probleem is het gebrek aan communicatie en taal. Als er geen communicatie plaatsvindt, als het kind niet met goede taal en dialoog wordt geconfronteerd, zien we alle gebreken ontstaan die Schlesinger noemde – gebreken die tegelijk linguïstisch, intellectueel, emotioneel en cultureel zijn. Met die gebreken krijgen vrijwel alle doofgeborenen in meer of mindere mate te kampen: 'de meeste dove kinderen,' zegt Schein, 'groeien op als vreemdelingen in hun eigen huis.'[34]†

Toch is dit niet onvermijdelijk. Hoewel de gevaren die een doof kind bedreigen zeer groot zijn, zijn ze gelukkig ook te voorkomen. Een doof, blind of hoogbegaafd kind vereist van de ouders een speciale souplesse en vindingrijkheid. Veel ouders van dove kinderen voelen zich machteloos tegenover

* Het experiment van koning Psammetichos, een Egyptische heerser uit de zevende eeuw v. Chr., werd beschreven door Herodotus. Andere monarchen, waaronder Jacobus IV van Schotland, en de notoire Akbar Chan, hebben het experiment herhaald.

† Shanny Mow beschrijft in een korte autobiografie (waarvan Leo Jacobs een uittreksel geeft) deze maar al te typische vervreemding van een doof kind in zijn eigen huis: '*Je wordt buiten het gesprek aan de eettafel gesloten. Dat heet mentaal isolement. Terwijl iedereen zit te praten en lachen ben jij even alleen als een Arabier in een verlaten woestijn [...] Je verlangt naar contact. Je stikt van binnen, maar je kunt aan niemand dat afschuwelijke gevoel kwijt. Je zou niet weten hoe. Je krijgt de indruk dat niemand het begrijpt, dat niemand het iets kan schelen [...] Ze gunnen je niet eens de illusie dat je erbij hoort [...]*

Je wordt verwacht vijftien jaar door te brengen in het dwanghuis van spraaklessen en liplezen [...] je ouders nemen niet eens de moeite een uur per dag te besteden aan het leren van een of andere gebarentaal. Eén uur uit elke vierentwintig die jouw leven zou kunnen veranderen.' (Jacobs, 1974, pp. 173-174)

de communicatiebarrière tussen hen en hun kind en het is een pluim op de hoed van het aanpassingsvermogen van zowel ouders als kinderen dat die potentieel vernietigende barrière overwonnen kan worden.

Ten slotte zijn er de – nog steeds te weinig – doven die goed functioneren, althans in termen van het ontplooien van hun natuurlijke capaciteiten. Cruciaal hierbij is het verwerven van taal op een 'normale' vroege leeftijd – die eerste taal kan gebarentaal of gesproken taal zijn (zoals we zien bij Charlotte en Alice), want het is *taal* en niet de ene of de andere taal die het taalvermogen opwekt en daarmee de intellectuele vermogens. Zoals de ouders van dove kinderen in een bepaald opzicht 'superouders' moeten zijn, zo moeten de dove kinderen zelf – en dat ligt meer voor de hand – 'superkinderen' zijn. Charlotte kan bijvoorbeeld op zesjarige leeftijd al vlot lezen en ze heeft een reële, ongedwongen behoefte aan lezen. Op haar zesde is ze al tweetalig en bicultureel – terwijl de meesten van ons het ons hele leven met één taal en één cultuur blijven doen. Zulke verschillen kunnen positief en creatief zijn, ze kunnen de menselijke natuur en cultuur verrijken.

Dit is, zo men wil, de andere kant van doofheid – de speciale kracht van visualiteit en gebarentaal. De verwerving van de grammatica van gebarentaal vindt grotendeels op dezelfde wijze en dezelfde leeftijd plaats als de verwerving van de grammatica van gesproken taal – we mogen aannemen dat ze beide in principe gelijk zijn. Het propositionele vermogen van beide is gelijk. De formele eigenschappen van beide zijn gelijk, ook al gaat het, zoals Petitto en Bellugi zeggen, daarbij om verschillende soorten signalen, verschillende soorten informatie, verschillende zintuiglijke systemen, verschillende geheugenstructuren en misschien verschillende neurale structuren.[35] De formele eigenschappen van gebarentaal en gesproken taal zijn identiek en ook hun communicatieve inhoud is identiek. Maar zijn ze, of kunnen ze ook, op een bepaalde manier fundamenteel anders zijn?

Chomsky merkt op dat Von Humboldt 'een verder onderscheid invoerde tussen de vorm van een taal en wat hij noemt het "karakter" ervan [...] waarbij het laatste bepaald wordt door de manier waarop taal *gebruikt* wordt en derhalve onderscheiden moet worden van de syntactische en semantische structuur, die een kwestie is van vorm, niet van gebruik'. Er dreigt inderdaad een bepaald gevaar (zoals Von Humboldt opmerkte) dat men door een steeds verder- en diepergaand onderzoek naar de vorm van een taal uit het oog verliest dat ze betekenis, karakter, een bepaald gebruik kent. Taal is niet zomaar een formeel middel (hoewel het zeker het prachtigste van alle formele middelen is), maar ook de precieze uitdrukking van onze gedachten, onze aspiraties, onze visie op de wereld. Het 'karakter' van een taal, zoals Von Humboldt het bedoelt, is wezenlijk creatief en cultureel van aard, is generiek, is de 'geest' van de taal, niet alleen de 'stijl'. Engels heeft in die zin een ander karakter dan Duits, en de taal van Shakespeare heeft een ander karakter dan die van Goethe. De culturele of persoonlijke identiteit is verschillend. Maar gebarentaal verschilt meer van gesproken taal dan de gesproken talen onderling. Zou hier sprake kunnen zijn van een radicaal andere 'organische' identiteit?

Je hoeft alleen maar twee mensen in gebarentaal met elkaar te zien communiceren om te weten dat gebarentaal een speels karakter heeft, een stijl die heel verschillend is van spraak. Gebarentaalgebruikers improviseren meer; ze spelen met gebaren, ze leggen al hun gevoel voor humor, hun verbeelding, hun persoonlijkheid in hun gebaren, zodat er niet alleen sprake is van het manipuleren van symbolen volgens grammaticale regels, maar ook onherleidbaar de stem van de gebaarder meeklinkt – een stem die een speciale kracht krijgt doordat ze op zo'n directe wijze geuit wordt met het lichaam. Je kunt onpersoonlijk spreken, of je kunt je voorstellen dat het gedaan wordt, maar onpersoonlijk gebaren gaat niet. Lichaam en ziel van de gebarentaalgebruiker, zijn unieke menselijke identiteit, komen voortdurend in de gebaren tot uitdrukking.

Gebarentaal heeft misschien een andere oorsprong dan spraak, want ze is ontstaan uit gesticulaties, spontane emotioneel-motorische verbeeldingen.* En hoewel gebarentaal volledig geformaliseerd en gegrammatiseerd is, blijft ze zeer iconisch en vertoont ze nog steeds veel sporen van haar beeldende oorsprong. Dove mensen, schrijven Klima en Bellugi,

> zijn zich scherp bewust van de iconische onder- en boventonen van hun vocabulaire [...] als ze met elkaar communiceren of een verhaal vertellen, versterken, overdrijven, of vergroten ze vaak mimetische eigenschappen. Manipulatie van de iconische aspecten van gebarentaal treedt ook op bij speciaal geïntensiveerd taalgebruik (gebarenpoëzie en gebarenkunst) [...] ASL blijft dus een taal met twee gezichten – formeel gestructureerd aan de ene kant en in belangrijke opzichten toch mimetisch vrij.[36]

Terwijl de formele eigenschappen van gebarentaal de uitdrukking van de meest abstracte concepten en proposities mogelijk maken, zorgen de iconische en mimetische aspecten ervoor dat ze buitengewoon concreet en evocatief is, op een manier die wellicht geen enkele gesproken taal kan evenaren. Gesproken (en geschreven) taal heeft zich van het iconische verwijderd – het is door associatie, niet verbeelding, dat we gesproken poëzie evocatief vinden: er kunnen stemmingen en beelden door worden opgeroepen, maar ze kunnen niet

* Wij kunnen natuurlijk alleen maar gissen naar de oorsprong van taal – gesproken taal of gebarentaal – of hypothesen of deducties opstellen die niet direct te bewijzen of te weerleggen zijn. In de vorige eeuw namen de speculaties over dit onderwerp zo'n hoge vlucht dat de *Société de Linguistique* te Parijs in 1866 ten slotte verdere geschriften of lezingen over deze kwestie verbood. Er is echter inmiddels meer bekend dan een eeuw of wat geleden. (Zie Stokoe, 1974; Hewes, 1974)

Er zijn intrigerende directe observaties van gebarencommunicatie tussen (horende) moeders en kinderen voordat de gesproken taal zijn intrede doet (zie Tronick, Brazelton en Als, 1978) – en als de ontogenese inderdaad de fylogenese recapituleert, dan is dat een extra aanwijzing dat de vroegste menselijke taal een gebarentaal of in ieder geval een motorische taal was.

worden verbeeld (behalve door 'toevallige' ideofonen en onomatopeeën). Gebarentaal heeft een element van directe afbeelding behouden dat geen pendant heeft in gesproken taal en dus ook niet vertaald kan worden; aan de andere kant wordt minder gebruik gemaakt van metaforen.

Gebarentaal behoudt nog steeds (en benadrukt) beide gezichten – het iconische en abstracte, in gelijke mate, complementair – en kan daardoor niet alleen opklimmen tot de meest abstracte proposities, tot de hoogst geabstraheerde reflectie van de werkelijkheid, maar ook tegelijkertijd een concreetheid, een levendigheid en een gevoel van werkelijkheid oproepen die gesproken talen, als ze die al ooit bezeten hebben, lang geleden hebben verloren.*

* Lévy-Bruhl, schrijvend over de mentaliteit van 'primitieven' (de term 'primitief' betekent voor hem 'eerder' of 'rudimentair', nooit 'minder' of 'kinderlijk'), zegt dat 'collectieve representaties' centraal staan in hun taal, hun oriëntatie en hun perceptie. Deze zijn heel verschillend van abstracte concepten – het zijn 'complexere toestanden waarin emotionele en motorische elementen een *integraal onderdeel* van de representatie vormen'. Zo spreekt hij ook van 'beeld-concepten', die zowel ongeleed als onontleedbaar zijn. Dergelijke beeld-concepten zijn uiterst visueel-ruimtelijk van aard en beschrijven meestal 'de vormen en contouren, de positie, de beweging, de manier van doen, van voorwerpen in de ruimte – kortom, alles wat waargenomen en omschreven kan worden'. Lévy-Bruhl beschrijft de wijd verbreide ontwikkeling van gebarentalen onder de horenden – gebarentalen die naast gesproken talen bestaan en in principe dezelfde structuur hebben: 'de twee talen, die zulke verschillende tekens hebben als gebaren en spraakklanken, zijn aan elkaar verwant door hun structuur en hun wijze van interpretatie van voorwerpen, bewegingen, omstandigheden [...] Beide kunnen bogen op een groot aantal integrale visueel-motorische associaties [...] die opgeroepen worden in de geest zodra ze aangeduid worden.' Lévy-Bruhl spreekt hier van 'manuele concepten' – 'bewegingen van de handen waarin taal en denken onverbrekelijk verbonden zijn'. (Lévy-Bruhl, 1910; Engelse uitgave, 1966)

Wanneer er echter, zoals Lévy-Bruhl het formuleert, een 'overgang is naar hogere denkvormen', dan moet deze puur concrete taal plaatsmaken voor, dan worden de sensorisch gedetailleerde, levendige, precieze 'beeld-concepten' vervangen door beeldloze (en in zekere zin smakeloze) logisch-abstracte-algemene concepten. (Zo was het ook noodzakelijk, vertelt Sicard, dat Massieu zijn metaforen aan de kant zette en meer abstracte, algemene adjectieven ging gebruiken.)

Vygotsky en Luria waren in hun jeugd sterk beïnvloed door Lévy-Bruhl

Het 'karakter' van een taal was voor Von Humboldt zuiver cultureel – het is de uitdrukking (en wellicht gedeeltelijk ook de determinant) van het denken, het voelen en de aspiraties van een volk. Dat wat gebarentaal onderscheidt, haar 'karakter', is daarbij tevens biologisch, want de taal is geworteld in mime, in iconiciteit, in een radicale visualiteit die haar onderscheidt van alle gesproken talen. Taal ontstaat – biologisch – van onderaf, uit de onbedwingbare behoefte van het menselijk individu om te denken en te communiceren. Taal wordt echter ook van bovenaf opgelegd en – door middel van

en zij geven soortgelijke (maar nauwkeuriger gedocumenteerde) voorbeelden van dergelijke overgangen toen 'primitieve' landbouwculturen in de jaren twintig 'gesocialiseerd' en 'gesovjetiseerd' werden: *'Deze [concrete] manier van denken [...] ondergaat een radicale wijziging wanneer de omstandigheden van de mensen veranderen [...] Woorden worden de voornaamste voertuigen van abstractie en generalisatie. Op dit punt laten de mensen het beeldend denken varen en coderen ideeën primair door middel van conceptuele schema's [...] ze overwinnen na verloop van tijd hun neiging om in visuele termen te denken.* (Luria, 1976)

Je voelt je toch een beetje ongemakkelijk bij het lezen van beschrijvingen als die van Lévy-Bruhl of de jonge Luria – beschrijvingen waarin het concrete als 'primitief' wordt aangeduid, als iets dat vervangen moet worden op de weg omhoog naar het abstracte (dat is in de afgelopen eeuw een sterke tendens geweest in de neurologie en de psychologie). Het concrete en het abstracte sluiten elkaar niet uit, het ene hoeft niet opgegeven te worden voor het andere. Integendeel, het is juist de rijkdom van het concrete die kracht geeft aan het abstracte. Dit wordt des te duidelijker als de definities zorgvuldiger worden geformuleerd, en wel in termen van 'superordinaat' en 'subordinaat'.

Deze authentieke (ter onderscheiding van conventionele) betekenis van 'abstractie' staat centraal in Vygotsky's visie op taal en denken, zijn opvatting dat de ontwikkeling daarvan bestaat in het vermogen om superordinate structuren te construeren die allengs steeds meer van het subordinate, het concrete, overnemen krachtens hun inclusiviteit, hun bredere perspectief: *'De nieuwe hogere concepten [op hun beurt] transformeren de betekenis van de lagere [...] Het kind hoeft niet al zijn vroegere concepten te herstructureren [...] wanneer eenmaal een nieuwe structuur in zijn denken is geïncorporeerd [...] breidt deze zich geleidelijk uit naar de oudere concepten naarmate die bij de hogere intellectuele operaties worden betrokken.'*

Een soortgelijk beeld wordt gebruikt door Einstein met betrekking tot theorievorming: 'Een nieuwe theorie opstellen is niet zoiets als een oude schuur afbreken en er een wolkenkrabber voor in de plaats bouwen. Het is meer als het beklimmen van een berg, waardoor je een nieuw en weidser uitzicht krijgt.'

cultuur – doorgegeven: een levende, dominante belichaming van de geschiedenis, de visie, de verbeeldingen en hartstochten van een volk. Gebarentaal is voor de doven een unieke aanpassing aan een andere zintuiglijke modaliteit, maar ook in gelijke mate een belichaming van hun persoonlijke en culturele identiteit. Want in de taal van een volk, zoals Herder opmerkt, 'rust zijn hele gedachtengoed, zijn traditie, geschiedenis, religie en levensgrondslag, zijn hele hart en ziel'. Dit geldt speciaal voor gebarentaal, de biologische, niet tot zwijgen te brengen stem van de doven.

Bij het abstraheren, generaliseren of theoretiseren in deze zin wordt het concrete nooit uit het oog verloren. Geheel integendeel: doordat het van een steeds weidser gezichtspunt wordt gezien, krijgt het ook steeds rijkere en onvermoede verbanden; het wordt samenhangend, het krijgt zin, veel meer dan daarvoor. Met het generaliseren wordt het concrete versterkt; vandaar de opvatting van de oudere Luria dat wetenschap 'de weg omhoog naar het concrete' is.

De schoonheid van taal, en met name van gebarentaal, lijkt in dit opzicht op de schoonheid van theorie: dat het concrete leidt tot het abstracte, maar dat we via het abstracte het concrete geïntensiveerd en getransfigureerd herwinnen. Dit herwinnen en hernieuwen van het concrete door de kracht van abstractie is duidelijk zichtbaar in een gedeeltelijk iconische taal als gebarentaal.

Drie

WOENSDAGOCHTEND 9 MAART: 'Staking op Gallaudet', 'Doven staken voor doven', 'Doven eisen dove rector' – de nieuwsmedia staan vol met deze gebeurtenissen; ze begonnen drie dagen geleden, hebben langzaam aan kracht gewonnen en nu heeft het nieuws de voorpagina van *The New York Times* bereikt. Het klinkt als een ongelooflijk verhaal. Ik ben het afgelopen jaar verscheidene keren op Gallaudet University geweest en heb het instituut langzamerhand leren kennen. Gallaudet is de enige dovenuniversiteit ter wereld en is bovendien de kern van de dovengemeenschap in de wereld – maar in haar 124-jarig bestaan heeft ze nog nooit een dove rector gehad.

Ik spreidt de krant uit en lees het hele verhaal: de studenten hebben actie gevoerd voor een dove rector vanaf het moment, vorig jaar (1987), dat Jerry Lee, een horende die sinds 1984 rector was van de universiteit, zijn ontslag indiende. Sindsdien hebben onrust, onzekerheid en hoop gebroeid. Half februari had de sollicitatiecommissie de kandidatenlijst teruggebracht tot zes: drie horenden en drie doven. Op 1 maart woonden drieduizend mensen een bijeenkomst bij op Gallaudet om het stichtingsbestuur duidelijk te maken dat de studenten en staf per se een dove rector wilden. Op 5 maart, de avond voordat de beslissing zou vallen, werd een nachtwake gehouden voor de vergaderkamer van het bestuur. Op zondag 6 maart koos het bestuur uit drie overgebleven kandidaten – een horende en twee doven – Elizabeth Ann Zinser, bestuurslid van de Universiteit van North Carolina in Greensboro, de horende kandidaat.

Toon en inhoud van de bestuursmededeling wekten woede en verontwaardiging: de voorzitter van het stichtingsbestuur, Jane Bassett Spilman, maakte de opmerking dat 'de doven er nog niet aan toe zijn om in de wereld van de horenden te functioneren'. De volgende dag marcheerden duizend studenten naar het hotel waar het stichtingsbestuur logeerde, vervolgens zes straten verder naar het Witte Huis, en vandaar naar het Capitool. De dag daarop, 8 maart, sloten de studenten de universiteit en barricadeerden de campus.

Woensdagmiddag: De wetenschappelijke staf en ander personeel hebben hun solidariteit betuigd met de studenten en hun vier eisen: (1) dat er onmiddellijk een nieuwe *dove* rector benoemd wordt; (2) dat de voorzitter van het stichtingsbestuur, Jane Bassett Spilman, onmiddellijk aftreedt; (3) dat de doven in het stichtingsbestuur een meerderheid van 51 procent krijgen (nu telt het bestuur zeventien horende leden en maar vier dove); en (4) dat er geen represailles zullen volgen. Ik bel mijn vriend Bob Johnson. Bob is hoofd van de vakgroep linguïstiek van Gallaudet, waar hij al zeven jaar colleges geeft en onderzoek doet. Hij kent de doven en hun cultuur door en door, hij kent vloeiend gebarentaal en is getrouwd met een dove vrouw. Hij staat zo dicht bij de dovengemeenschap als voor een horende maar mogelijk is.*

Ik wil weten wat hij vindt van de gebeurtenissen op Gallaudet. 'Het is het meest wonderlijke dat ik ooit heb meegemaakt,' zegt hij. 'Als je het me een maand geleden gevraagd had, zou ik er nog een miljoen dollar om hebben durven verwedden dat dit in mijn leven niet kon gebeuren. Je moet het met eigen ogen komen zien.'

*

* Ook horenden kunnen zeer dicht bij de dovenwereld staan (zonder er echt deel van uit te maken). Naast kennis van en sympathie voor de doven is de belangrijkste voorwaarde een vloeiende beheersing van gebarentaal: de enige horenden die wellicht ooit als volwaardige leden van de dovenwereld worden beschouwd zijn de horende kinderen van dove ouders die zijn opgegroeid met gebarentaal. Dit is het geval met dr Henry Klopping, het zeer geliefde hoofd van de California School for the Deaf in Fremont. Een van zijn voormalige leerlingen gebaarde tegen me op Gallaudet: 'Hij is doof, ook al kan hij horen.'

Toen ik in 1986 en '87 Gallaudet bezocht, was dat voor mij een verrassende en ontroerende ervaring. Ik had nog nooit eerder een volledige gemeenschap van doven gezien en al evenmin had ik me gerealiseerd (ook al wist ik het in theorie wel) dat gebarentaal een complete taal kan zijn – een taal die even geschikt is voor liefdesverklaringen als voor toespraken, om te flirten en om wiskunde te bedrijven. Ik moest colleges filosofie en chemie in gebarentaal zien, ik moest de absoluut geluidloze vakgroep wiskunde aan het werk zien, ik moest dove barden, gebarenpoëzie, op de campus zien en het uitgebreide repertoire van het Gallaudet Theater, ik moest getuige zijn van het boeiende sociaal verkeer in het studentencafé, waar handen alle richtingen op gebaren als er wel honderd verschillende conversaties aan de gang zijn – dat alles moest ik met eigen ogen zien voordat ik kon afstappen van mijn vroegere 'medische' kijk op doofheid (als een 'aandoening', een tekort dat behandeld moest worden) en kon overgaan naar een 'culturele' kijk op de doven: een gemeenschap met een volledig eigen taal en cultuur. Ik vond de atmosfeer op Gallaudet onbezorgd, arcadisch zelfs – en ik was niet verbaasd te horen dat de studenten de warmte, beslotenheid en bescherming van de universiteit, de gezelligheid van een kleine maar volledige, onafhankelijke wereld, vaak node verruilden voor het koude onbegrip van de grote buitenwereld.*

* De dovenwereld wordt net als alle subculturen deels gedefinieerd door onderscheiding (van de horende wereld) en deels door de vorming van een gemeenschap, een wereld, rond een eigen centrum. In zoverre de doven zich buitengesloten voelen, voelen ze zich misschien geïsoleerd, afgezonderd, gediscrimineerd. Maar in zoverre ze een dovenwereld vormen, vrijwillig, voor zichzelf, voelen ze zich er thuis, genieten ze ervan, beschouwen ze die als een toevluchtsoord en een buffer. In dat opzicht voelt de dovenwereld zich autonoom, niet geïsoleerd – zonder enige wens tot assimilatie. Integendeel: ze koestert haar eigen taal en haar eigen voorbeelden, die ze wil beschermen.

Een aspect daarvan is de zogenaamde 'diglossie' van de doven. Als een groep doven, op Gallaudet of elders, onder elkaar gebaart, doet ze dat in echte gebarentaal, maar zodra er een horende binnenkomt schakelt ze over op Engels (of welke taal dan ook) met gebaren, om direct weer terug te gaan naar gebarentaal als hij weg is. ASL wordt vaak beschouwd als een intiem en

Maar onder de oppervlakte leken er ook onoplosbare spanningen en rancune te zinderen. Er was een onuitgesproken spanning tussen de leden van de wetenschappelijke staf en het bestuur – veel docenten kenden gebarentaal en een aantal van hen was doof.* De wetenschappelijke staf kon tot op zekere hoogte met de studenten communiceren, in hun (gedachten)wereld doordringen, maar het bestuur (zo vertelde men mij) regeerde de school vanuit een ivoren toren als een onderneming en had een zekere 'liefdadige' houding ten opzichte van de 'gehandicapte' doven, maar weinig begrip voor hen als een gemeenschap met een eigen cultuur. De studenten en docenten met wie ik praatte, vreesden dat het bestuur, als het daarvoor de kans kreeg, het aantal dove docenten op Gallaudet nog verder zou beperken en het gebruik van gebarentaal in de colleges nog verder aan banden zou leggen.

De studenten die ik ontmoette leken geanimeerd, levendig onder elkaar, maar vaak bang van, bevreesd voor, de buiten-

zeer persoonlijk bezit dat verborgen gehouden moet worden voor vreemde ogen of indringers. Barbara Kannapell heeft zelfs beweerd dat als we allemaal gebarentaal zouden leren dat het einde betekent van de dovenwereld: '*ASL heeft een unificerende functie, omdat doven vereend worden door hun gemeenschappelijke taal. Het gebruik van ASL onderscheidt de doven echter tegelijk van de horenden. Die twee functies zijn dus verschillende facetten van dezelfde realiteit – de ene binnen de groep als bindmiddel en de andere naar buiten toe. De groep wordt afgezonderd van de horende wereld. Deze separatistische functie is een bescherming voor de doven. We kunnen bijvoorbeeld praten over wat we willen midden in een groep horenden. Zij verstaan ons toch niet.*

Het is belangrijk te begrijpen dat ASL het enige exclusieve eigendom van de doven is. Het is het enige dat uit de doven zelf is ontstaan. Misschien zijn we bang om onze taal met de horenden te delen. Misschien dat onze groepsidentiteit verloren gaat zodra horenden ASL kennen.' (Kannapell, 1980, p. 112)

* Zelfs de docenten die gebarentaal kennen gebruiken over het algemeen een vorm van Engels met gebaren en geen ASL. Met uitzondering van de vakgroep wiskunde, waar de meerderheid van de docenten doof is, is slechts een minderheid van het docentencorps van Gallaudet zelf doof – terwijl in de tijd van Edward Gallaudet dat een meerderheid was. Dit is helaas een algemeen verschijnsel in het dovenonderwijs. Er zijn maar weinig dove dovendocenten, en de meeste horende docenten kennen of gebruiken geen ASL.

wereld. Ik kreeg het gevoel dat hun zelfrespect wreed werd ondergraven, ook bij de propagandisten van *Deaf Pride*. Ik had de indruk dat sommigen van hen zichzelf als kinderen beschouwden – een afspiegeling van de paternalistische houding van het bestuur (en wellicht van een aantal docenten). Ik had het gevoel dat er een zekere passiviteit heerste, de opvatting dat de situatie misschien hier en daar verbeterd kon worden, maar dat ze gedoemd zouden blijven over het hoofd te worden gezien, tweederangs burgers te zijn.

Donderdagochtend, 10 maart: Ik arriveer per taxi in Fifth Street tegenover de universiteit. De poorten zijn achtenveertig uur geblokkeerd. Het eerste wat ik zie is een enorme, opgewonden, maar vrolijke en vriendelijke menigte van honderden mensen die de toegang tot de campus afsluiten en die spandoeken en borden dragen en geanimeerd onder elkaar gebaren. Een paar politiewagens staan buiten op wacht, met zacht ronkende motoren, maar van hun aanwezigheid gaat geen dreiging uit. Er wordt veel getoeterd door het voorbijkomende verkeer – dat verbaast me, tot ik een bord zie waarop staat: 'TOETER VOOR EEN DOVE RECTOR'. De menigte zelf is op een vreemde manier zowel stil als luidruchtig: de gebaren, de toespraken in gebarentaal, zijn doodstil, maar ze worden onderbroken door een vreemd applaus – een geagiteerd schudden van de handen boven het hoofd, gepaard met hoge gillen en schreeuwen.* Terwijl ik sta te kijken springt een van de studenten op een verhoging en begint expressief en gracieus te gebaren. Ik begrijp niets van wat hij zegt, maar ik vind zijn gebaren zuiver en hartstochtelijk – zijn hele lichaam, al zijn gevoelens lijken in zijn gebaren te vloeien. Ik hoor een naam mompelen – Tim Rarus

* Hoewel doven soms verondersteld worden stil te *zijn* en een wereld van stilte te bewonen, hoeft dit niet altijd op te gaan. Ze kunnen, als ze willen, zeer luid gillen en doen dat soms ook om de aandacht van anderen te trekken. Als ze praten, doen ze dat vaak zeer luid en met weinig intonatie omdat ze hun eigen stem niet op het gehoor kunnen bijstellen. Voorts slaken ze vaak onbewust zeer harde kreten – toevallige, onwillekeurige bewegingen van de stembanden als bijverschijnsel van emoties en opgewonden conversaties.

– en besef dat dit een van de studentenleiders is, een van de vier. Zijn publiek hangt duidelijk aan zijn handen, is in vervoering, en barst bij tijd en wijle in een rumoerig applaus los.

Als ik Rarus en zijn publiek aanschouw en vervolgens de blik laat dwalen over de barricaden naar de uigestrekte campus, waar met verve wordt gebaard, waar verhitte geluidloze conversaties plaatsvinden, krijg ik een overweldigend besef, niet alleen van een andere communicatiemodaliteit, maar van een andere gevoels-, een andere bestaansmodaliteit. Je hoeft die studenten maar te zien – al is het maar even, van buitenaf (zoals ik me even goed een buitenstaander voelde als een willekeurige voorbijganger) – om het gevoel te krijgen dat zij met hun taal, hun wijze van bestaan, iemand uit hun midden *verdienen*, dat niemand die niet doof is, die geen gebarentaal kent, hen ooit zou kunnen begrijpen. Je beseft instinctief dat je ze nooit volledig kunt begrijpen – dat de studenten geen verstandhouding kunnen hebben met een rector die niet een van hen is.

Talloze spandoeken en borden met leuzen worden geheven in de heldere voorjaarszon: 'DOVE RECTOR NU', dat is duidelijk de voornaamste. Er heerst een zekere boosheid – het kan ook niet anders – maar die boosheid is overgoten met humor: een veel voorkomende leus is bijvoorbeeld: 'DR ZINSER IS ER NOG NIET AAN TOE OM IN DE WERELD VAN DE DOVEN TE FUNCTIONEREN', een antwoord op Spilmans ontactische opmerking over de doven. Dr Zinsers eigen commentaar in het programma *Nightline* van de avond tevoren ('Eens zal een dove ... rector van Gallaudet zijn') is aanleiding geweest voor de veel voorkomende tekst: 'WAAROM NIET OP 10 MAART 1988, DR ZINSER?' De kranten hadden het over een 'strijd' of een 'confrontatie', waarbij je het idee kreeg van onderhandelen, van geven en nemen. Maar de studenten zeggen: 'Onderhandelen? Dat woord kennen we niet meer. "Onderhandelen" staat niet langer in ons woordenboek.' Dr Zinser blijft aandringen op een 'zinnige dialoog', maar dat lijkt op zichzelf al een zinloos verzoek, want er is geen gemeenschappelijke grond meer waarop een 'dialoog' zou kunnen plaatsvinden, en die is er ook nooit geweest. De studenten bekommeren zich om hun identiteit, hun bestaan, een alles-of-niets: ze hebben vier eisen en er is geen plaats meer voor 'eens' of 'misschien'.

Dr Zinser is dan ook allesbehalve populair. Velen vinden dat zij bijzonder ongevoelig is voor de stemming onder de studenten – het blote feit dat ze haar niet moeten, dat de universiteit letterlijk haar poorten voor haar gesloten heeft – en dat ze actief een officiële harde lijn volgt en voorstaat. In het begin was er nog wel sympathie voor haar: ze was eerlijk door de sollicatieprocedure gekomen en ze had geen idee van wat haar te wachten stond. Maar elke dag werd die zienswijze minder houdbaar en de hele affaire begon op een prestigeslag te lijken. Dr Zinsers *no nonsense*-houding bereikte gisteren een hoogtepunt met haar luide verkondiging dat ze de ongeregeldheden op de campus zou gaan 'aanpakken'. 'Als dit nog verder uit de hand loopt,' zei ze, 'zal ik maatregelen moeten nemen om de rust te herstellen.' Dat wekte de woede van de studenten, die prompt in het openbaar haar portret verbrandden.

Sommige leuzen zijn ronduit agressief: 'ZINSER – MARIONET VAN SPILMAN', en een andere: 'WE HEBBEN GEEN KINDERJUF NODIG, MAMMIE SPILMAN'. Ik begin me te realiseren dat ik getuige ben van de emancipatie van de doven, die eindelijk met luide stem zeggen: 'We zijn geen kinderen meer. We hebben jullie "zorg" niet langer nodig.'*

Ik glip langs de barricaden, de toespraken, de gebaren en

* Deze afkeer van 'paternalisme' (of 'mammie-isme') komt sterk tot uitdrukking in het speciale nummer van het studentenblad (*The Buff and Blue*) van 9 maart waarin een gedicht staat met de titel 'Lieve mammie'. Het begint zo:

Arme mammie Bassett-Spilman,
Wat zijn haar kinderen toch slecht!
Als ze nou maar wilden luisteren
Naar de dingen die zij zegt.

en gaat op die manier nog dertien coupletten door. (Spilman was op televisie geweest om een lans te breken voor Zinser en zei bij die gelegenheid: 'Vertrouw op ons – ze zal jullie niet teleurstellen.') Er werden duizenden kopieën van het gedicht verspreid – je zag ze overal over de campus fladderen.

wandel over de fraaie uitgestrekte campus met zijn grote Victoriaanse gebouwen die het decor vormen voor een zeer on-Victoriaans tafereel. De campus zindert zichtbaar van de gesprekken – overal staan paartjes of groepjes te gebaren. Overal wordt er gepraat en ik begrijp er niets van – *ik* ben vandaag de dove, de stemloze – de gehandicapte, een minderheid, in deze grote gebarengemeenschap. Ik zie veel docenten en studenten op de campus: een professor maakt en verkoopt buttons (*Frau Zinser, go home!*), die even snel gekocht en opgespeld worden als hij ze maken kan. 'Is het niet geweldig?' zegt hij als hij me ziet. 'Ik heb niet meer zo'n lol gehad sinds Selma. Het is ook een beetje als Selma – en de jaren zestig.'

Er zijn veel honden op de campus – minstens vijftig of zestig op het grote gazon aan de voorkant. De regels voor het houden van honden zijn soepel hier; sommige zijn 'dovegeleidehonden', maar andere zijn alleen maar – honden. Ik zie een meisje gebaren tegen haar hond; de hond gaat gehoorzaam zitten en geeft een pootje. Hij draagt een wit dekje waarop aan beide zijden geschreven staat: 'IK VERSTA BETER GEBARENTAAL DAN SPILMAN.' (De voorzitster van het stichtingsbestuur van Gallaudet bekleedt haar positie al zeven jaar, maar heeft in al die tijd nauwelijks gebarentaal geleerd.)

Op de barricaden heerste nog enigszins een sfeer van gespannen woede, maar op de campus zelf is het kalm en vredig – er hangt zelfs iets van vrolijkheid en feestelijkheid in de lucht. Overal zie je honden en baby's en kinderen, overal vrienden en familieleden die volop in gebarentaal converseren. Er staan kleine gekleurde tentjes op het gras, en kraampjes waar drank en hotdogs worden verkocht – *dogs* en *hotdogs*: het lijkt wel Woodstock, veeleer Woodstock dan een grimmige revolutie.

Eerder die week waren de eerste reacties op de benoeming van Elisabeth Ann Zinser nog doortrokken van woede – en ongecoördineerd: er liepen duizend mensen doelloos over de campus, in een destructieve stemming toiletpapier verscheurend. Maar plotseling, zoals Bob Johnson zei, 'veranderde het hele bewustzijn'. Binnen een paar uur leek er een nieuw, sereen, helder bewustzijn, een vastberadenheid te zijn ontstaan: een politiek lichaam, tweeduizend man sterk, met een eigen doelgerichte wil. Het was de verbazende snelheid waarmee die organisatie ontstond, de plotselinge kristallisatie uit een chaos van een unanieme gemeenschapsgeest, die iedereen die er getuige van was zo verbaasde. Maar dat was natuurlijk voor een deel maar schijn, want er waren allerlei voorbereidingen aan voorafgegaan en er waren allerlei mensen achter de schermen werkzaam geweest.

Centraal in deze plotselinge 'transformatie' – en centraal, daarna, in de organisatie en articulatie van de hele 'opstand' (die een veel te waardig karakter had en veel te mooi georganiseerd was om 'oproer' genoemd te worden) – stonden de vier opmerkelijke jonge studentenleiders: Greg Hlibok, de leider van het studentencorps, en zijn medestanders Tim Rarus, Bridgetta Bourne en Jerry Covell. Greg Hlibok is een jonge technisch student, die omschreven wordt (door Bob Johnson) als 'erg betrokken, laconiek, direct, maar ook erg bedachtzaam en evenwichtig'. Hliboks vader, die ook doof is, is directeur van een ingenieursbureau, zijn dove moeder, Peggy O'Gorman, is actief in de organisatie die het gebruik van ASL in het onderwijs wil bevorderen en hij heeft twee dove broers, de een is acteur en de ander financieel consulent. Tim Rarus is eveneens doof geboren en komt ook uit een doof gezin, en hij is de volmaakte tegenhanger van Greg: hij heeft een gretige spontaniteit, een hartstocht, een intensiteit die Gregs kalmte mooi aanvullen. De vier waren al gekozen vóór de opstand – al in de tijd toen Jerry Lee nog rector was – maar ze hebben sinds het aftreden van Lee een speciale, nog niet eerder voorgekomen rol gekregen.

Hlibok en de andere studentenleiders hebben de studenten niet opgezweep of opgestookt – integendeel, ze hebben een kalmerende, bedarende, matigende invloed op ze uitgeoefend, maar ze zijn wel gevoelig voor de stemming op de campus en, daarbuiten, in de dovengemeenschap in het algemeen, en ze zijn met de anderen van mening dat er een beslissend moment is aangebroken. Ze hebben de studenten aangemoedigd actie te voeren voor een dove rector, maar daarin stonden ze niet alleen: ze hadden de actieve steun van alle leerlingen en van alle dovenorganisaties en -leiders in het hele land.

Aan de 'transformatie', de opkomst van een gemeenschapsgeest, ging dus heel wat berekening en voorbereiding vooraf. Het is niet een orde die uit totale chaos geboren werd (hoewel het daar misschien op lijkt). Het is veeleer het plotselinge aan de dag treden van een latente orde, zoals de plotselinge kristallisatie in een oververzadigde oplossing – een kristallisatie die op gang werd gebracht door de benoeming, zondagavond, van Zinser tot rector. Dit is een kwalitatieve transformatie, van een passieve naar een actieve houding: een revolutie, zowel in politieke als morele zin. Opeens zijn de doven niet meer passief, verdeeld, machteloos, opeens hebben ze de serene kracht van vereniging ontdekt.

's Middags charter ik een tolk en interview met haar hulp een paar dove studenten. Een van hen zegt:

> Ik kom uit een horend gezin [...] mijn hele leven heb ik een druk, een horende druk op me gevoeld – 'Je kunt niks *doen* in de wereld van de horenden, je kunt het niet *maken* in de wereld van de horenden' – en nu is al die druk van me afgewenteld. Ik voel me opeens vrij, vol energie. Je hoort steeds maar: 'dat kun je niet, dat kun je niet', maar ik kan het nu *wel*. Het woord 'doofstom' zal voor altijd worden uitgebannen; in plaats daarvan zullen we 'doofslim' krijgen.

In die bewoordingen had ook Bob Johnson zich uitgelaten toen we voor het eerst met elkaar spraken en hij het had over de doven die te lijden hebben van 'een illusie van machteloosheid', en dat die illusie plotseling in rook was opgegaan.

*

Veel revoluties, transformaties, ontwakingen zijn reacties op directe (en onverdraaglijke) omstandigheden. Wat zo opmerkelijk is aan de Gallaudet-staking van 1988 is het historisch bewustzijn, het diepe besef van een historisch perspectief waarvan de gebeurtenis doortrokken is. Dat bleek al op de campus: direct toen ik aankwam zag ik een bord met de tekst: 'LAURENT CLERC WIL EEN DOVE RECTOR. HIJ IS NIET HIER, MAAR ZIJN *GEEST* IS HIER. STEUN ONS'. Ik hoorde een journalist vragen: 'Wie is in godsnaam Laurent Clerc?' Maar zijn naam, zijn persoon, onbekend in de horende wereld, is bij vrijwel iedereen in de dovenwereld bekend. Hij is een vroede vader, een held van de geschiedenis en cultuur der doven. De *eerste* emancipatie van de doven – het feit dat ze het presteerden te leren lezen en schrijven en onderwijs te volgen, en zelfrespect en het respect van hun medemensen te verwerven – was grotendeels geïnspireerd door de prestaties en de persoonlijkheid van Laurent Clerc. Het was dus heel ontroerend om nu dit bord te zien, en je voelde onwillekeurig dat Laurent Clerc hier inderdaad op de campus was, dat hij inderdaad, zij het postuum, de authentieke geest en stem van deze revolte was – want hij had, meer dan wie ook, de grondslag gelegd voor hun onderwijs en cultuur.

Toen Clerc samen met Thomas Gallaudet in 1817 het American Asylum in Hartford stichtte introduceerde hij niet alleen gebarentaal als het communicatiemedium voor het hele dovenonderwijs in de Verenigde Staten, maar tevens een bijzonder schoolsysteem dat zijns gelijke niet kent in de horende wereld. Al gauw kwamen er meer kostscholen voor doven in het hele land, die allemaal de gebarentaal gebruikten die in Hartford was ontwikkeld. Vrijwel alle leraren aan die scholen kregen hun opleiding in Hartford en de meesten van hen hadden de charismatische Clerc persoonlijk gekend. Zij droegen met hun eigen inheemse gebaren bij aan de groei van ASL, de gebarentaal die zich later in een steeds verfijndere en uitgebreidere vorm over grote delen van het land verspreidde en ervoor zorgde dat ook de aspiraties en normen van de doven zelf omhoog gingen.

Het unieke patroon van cultuuroverdracht onder de doven geldt zowel voor hun taal als voor hun scholen. De scholen fungeerden als centra van de dovengemeenschap, daar werd de dovencultuur van de ene generatie op de andere doorgegeven. Hun invloed strekte zich tot ver buiten het klaslokaal uit: meestal vormden zich rond de scholen dovengemeenschappen, en ex-leerlingen bleven vaak dicht in de buurt van hun school wonen, of gingen er zelfs werken. Maar het belangrijkste was dat die scholen kostscholen waren, zoals Carol Padden en Tom Humphries opmerken:

> Het belangrijkste onderdeel van de kostschool waren de internaatsverblijven. Daar, onttrokken aan de disciplinaire controle van de klas, komen de dove kinderen in aanraking met het sociale leven van dove mensen. In de informele sfeer van de internaatsverblijven leren de kinderen niet alleen gebarentaal maar ook de dovencultuur. Daardoor worden de scholen de steunpunten van de dovengemeenschappen en dragers van de cultuur van vroegere generaties [...] Dit unieke patroon van cultuuroverdracht is de kern van de dovencultuur.[1]*

In de jaren na 1817 werden de doven dus niet alleen in hoog tempo in de hele Verenigde Staten gealfabetiseerd en verspreidde hun taal zich niet alleen snel over het hele land, maar werd ook een compleet stelsel van gemeenschappelijke kennis en overtuigingen, van gekoesterde anekdotes en verhalen verspreid, die te zamen een rijke en onderscheiden cultuur vormden. Nu hadden de doven voor het eerst een 'identiteit', niet alleen een persoonlijke, maar ook een sociale, een culturele. Ze waren niet langer louter individuen, met individuele

* Zulke overwegingen moeten in aanmerking genomen worden bij het beschouwen van de huidige controversen over 'buitengewone' scholen of 'geïntegreerd onderwijs'. Geïntegreerd onderwijs houdt in dat dove kinderen samen met horende kinderen naar school gaan en heeft het voordeel dat de doven zo in aanraking komen met de anderen, de 'grote wereld' (tenminste, dat is de theorie). Er kan echter ook een nieuw soort isolement uit ontstaan – de doven worden op die manier van hun eigen taal en cultuur afgesneden.

moeilijkheden en overwinningen, ze waren *een volk*, met een eigen cultuur, zoals de joden en de Welsh.

Rond 1850 deed de behoefte aan hoger onderwijs zich voelen – de doven, voorheen nog analfabeten, hadden een instelling voor hoger onderwijs nodig. In 1857 werd Edward Gallaudet, zoon van Thomas Gallaudet, pas twintig jaar oud, maar door zijn achtergrond (zijn moeder was doof en hij leerde gebarentaal als eerste taal), zijn ontvankelijkheid en zijn gaven uitermate geschikt, tot hoofd benoemd van het Columbia Institution for the Instruction of the Deaf and the Dumb and the Blind.* Vanaf het begin sprak hij zijn hoop uit dat het instituut kon worden omgevormd tot een hogeschool met federale overheidssteun. In 1864 bereikte hij dit doel en werd het latere Gallaudet College door het Amerikaanse Congres erkend als instituut voor hoger onderwijs.

Edward Gallaudets eigen volle en opmerkelijke leven[2] duurde tot ver in de twintigste eeuw en omspande grote (hoewel niet altijd gunstige) veranderingen in de houding ten opzichte van doven en het dovenonderwijs. In het bijzonder sinds de jaren zestig van de vorige eeuw kwam er een stroming op gang, in de Verenigde Staten voornamelijk gepropageerd door Alexander Graham Bell, die zich kantte tegen het gebruik van gebarentaal en die wilde dat het op de scholen en instituten verboden werd. Gallaudet zelf bond de strijd aan met deze stroming, maar hij had het klimaat van zijn tijd tegen en hij was te redelijk om de felheid en geestelijke starheid van zijn tegenstanders te begrijpen of er tegenop te boksen.†

* Er kwam al gauw een scheiding, waarbij de blinde kinderen apart werden onderwezen van de doofstommen (zoals de doofgeborenen die nauwelijks konden spreken vroeger werden genoemd). Van de tweeduizend studenten op Gallaudet zijn er nu ongeveer twintig zowel doof als blind. Die studenten moeten natuurlijk een ongelooflijke tactiele vaardigheid en intelligentie ontwikkelen, zoals Helen Keller had gedaan.

† De hoofdpersonen in dit drama, Bell en Gallaudet – beiden kind van een dove moeder (maar moeders met een heel verschillende houding ten opzichte van doofheid) en ieder op zijn eigen manier hartstochtelijk betrokken bij de doven – waren zo verschillend als twee mensen maar kunnen zijn (zie Winefield, 1987).

Toen Gallaudet stierf, was zijn school wereldberoemd geworden en had hij voor eens en voor altijd aangetoond dat de doven, als ze maar de kans en de middelen kregen, zich met de horenden konden meten op elk intellectueel gebied – en op sportgebied ook (de spectaculaire sportzaal van Gallaudet, ontworpen door Frederick Law Olmsted en geopend in 1880, was een van de beste in het land en de zogenaamde *huddle* van het Amerikaans voetbal werd zelfs op Gallaudet uitgevonden, om heimelijk tactische aanwijzingen tussen de spelers onderling door te geven). Gallaudet zelf was echter een van de laatste verdedigers van gebarentaal in een onderwijsklimaat dat zich had afgekeerd van gebaren, en met zijn dood verloor de school – en omdat de school het symbool en de aspiratie van doven over de hele wereld was geworden verloor ook de dovenwereld – haar grootste en laatste voorstander van gebarentaal in het onderwijs.

Daarmee ging de gebarentaal, die eerst de overheersende taal op de school was geweest, ondergronds en werd beperkt tot de dagelijkse omgang.* De studenten bleven haar onder

* Er is één gebied waar men altijd, over de hele wereld, gebarentaal is blijven gebruiken, in weerwil van de veranderde gewoonten en verboden van onderwijskundigen – en dat is de religieuze eredienst voor de doven. Priesters en andere kerkdienaren hebben de zielen van hun dove parochianen nooit in de steek gelaten, ze leerden gebaren (vaak van de doven zelf) en hielden de dienst in gebaren, dwars door het eindeloze gekrakeel over oralisme en de onderdrukking van gebarentaal in het wereldlijk onderwijs heen. De l'Epées bekommernis om de doven werd in eerste instantie ingegeven door religieuze motieven, en die bekommernis, met zijn directe appreciatie van de 'natuurlijke taal' van de doven, is als een rots overeind gebleven in de wereldlijke wisselvalligheden van de afgelopen tweehonderd jaar.

Het religieuze gebruik van gebarentaal wordt besproken door Jerome Schein: '*Dat gebarentaal een spiritueel aspect heeft hoeft niemand te verbazen: denk alleen maar aan het gebruik van gebaren door religieuze ordes met een gelofte van zwijgzaamheid, of aan het gebruik van gebaren door priesters in het godsdienstonderwijs aan dove kinderen. Wat je echter gezien moet hebben om te kunnen appreciëren, dat is de unieke toepasbaarheid van gebarentaal voor de religieuze eredienst. De uitdrukkingsvolheid die met gebarentaal bereikt kan worden is niet goed in woorden te vatten. De Academy Award die Jane Wyman in 1948 kreeg voor haar rol als doof meisje in de film* Johnny Belinda, *had ze ongetwijfeld voor een groot deel te danken aan haar gracieuze (en correcte) weergave van het Onze Vader in Ameslan. In de kerkdienst*

elkaar gebruiken, maar ze werd niet langer beschouwd als een erkend medium voor formele gedachtenwisseling of voor het onderwijs. In de eeuw tussen de stichting van het American Asylum door Thomas Gallaudet en de dood van Edward Gallaudet in 1917 had de gebarentaal in Amerika haar opkomst en haar ondergang, haar legitimatie en delegitimatie beleefd.

De onderdrukking van gebarentaal in de jaren tachtig van de vorige eeuw heeft vijfenzeventig jaar lang een funeste invloed gehad op de doven, niet alleen op hun onderwijs en intellectuele prestaties, maar ook op hun zelfrespect en hun gemeenschap en cultuur. Het gemeenschapsgevoel en de cultuur die inmiddels waren gegroeid bleven op geïsoleerde plaatsen wel bestaan, maar het gevoel van een landelijke (zelfs wereldwijde) gemeenschap en cultuur ging verloren – een gevoel dat, op zijn minst impliciet, had bestaan in de 'gouden jaren' veertig van de vorige eeuw.

De afgelopen dertig jaar is het tij echter opnieuw gekeerd en is de gebarentaal als nooit tevoren herrezen en opnieuw erkend. En daarmee gepaard ging, onder veel meer, een ontdekking of herontdekking van de culturele aspecten van doofheid – van een sterk gemeenschapsgevoel, een unieke vorm van communicatie en cultuur, van een zelfbewustzijn als een unieke bestaansvorm.

De l'Epée had een enorme bewondering voor maar ook reserves ten opzichte van gebarentaal: aan de ene kant vond hij die een complete vorm van communicatie ('Elke doofstomme die naar ons gestuurd wordt heeft al een taal ... daarmee drukt hij zijn behoeften, verlangens, verdriet enzovoort uit, en begrijpt anderen heel goed als zij zich op dezelfde manier uitdrukken') en aan de andere kant beschouwde hij die als een systeem zonder interne structuur, zonder grammatica (die hij er vanuit het Frans met zijn *signes méthodiques* probeerde in te brengen). Dit vreemde mengsel

komt de schoonheid van gebarentaal waarschijnlijk het best tot zijn recht. Sommige kerken hebben gebarenkoren. Het is een indrukwekkend gezicht om die in pijen gehulde gelovigen in koor te zien gebaren.' (Schein, 1984, pp. 144–145)

van bewondering en geringschatting bleef tweehonderd jaar lang bestaan, zelfs onder de doven. Waarschijnlijk heeft vóór de komst van William Stokoe naar Gallaudet, in 1955, geen enkele linguïst ooit ingezien dat gebarentaal een echte taal is.

Je zou kunnen spreken van 'de revolutie van 1988' en met Bob Johnson – en in zekere zin met iedereen – van mening zijn dat dit een verbazingwekkende gebeurtenis is, een transformatie die nauwelijks iemand in onze tijd verwacht had. In een bepaald opzicht is dit waar, maar in een ander opzicht moeten we beseffen dat de beweging, de vele bewegingen die samenvloeiden in de explosie van 1988, al vele jaren gaande was en dat de kiemen van de revolutie al dertig (zo niet honderdvijftig) jaar geleden gezaaid werden. Het zal niet eenvoudig zijn de geschiedenis van de afgelopen dertig jaar te reconstrueren – met name het nieuwe hoofdstuk in de dovengeschiedenis, waarvan het begin gesteld kan worden op 1960, het jaar waarin Stokoes artikel *Sign Language Structure* als een bom insloeg – de eerste serieuze en wetenschappelijke beschouwing van 'het visuele communicatiesysteem van de Amerikaanse doven'.

Ik heb met veel mensen gesproken over de complexe voorgeschiedenis van de revolutie, over het ingewikkelde kluwen van gebeurtenissen en veranderende attitudes die eraan voorafging: met studenten van Gallaudet, met historici zoals Harlan Lane en John Van Cleve (die de enorme driedelige *Gallaudet Encyclopedia of Deaf People and Deafness* samenstelde), met wetenschappelijk onderzoekers als William Stokoe, Ursula Bellugi, Michael Karchmer, Bob Johnson, Hilde Schlesinger en vele anderen, en niet twee van hen hadden dezelfde visie.*

* Jammer genoeg heb ik geen kans gehad dit met Carol Padden en Tom Humphries te bespreken. Zij zijn beiden dove wetenschappers en hebben de gelegenheid de gebeurtenissen zowel van binnen als van buiten te bekijken. In het hoofdstuk 'A Changing Consciousness' in het boek *Deaf in America* hebben ze een uiterst informatief kort verslag gegeven van de veranderde attitudes ten opzichte van doven en van de doven zelf in de afgelopen dertig jaar.

Stokoes belangstelling was die van een wetenschappelijk onderzoeker – maar een taalwetenschapper is een speciaal wezen dat even geïnteresseerd moet te zijn in het menselijk leven, de menselijke gemeenschap en cultuur als in het biologisch substraat van taal. Deze dubbele belangstelling en benadering deed Stokoe besluiten om in zijn *Dictionary* van 1965 een appendix op te nemen (van zijn dove medewerker Carl Croneberg) over 'De Taalgemeenschap', de eerste beschrijving van de sociale en culturele kenmerken van dove mensen die ASL gebruiken. Vijftien jaar later schreef Padden over de *Dictionary* als een 'mijlpaal':

> Het was de eerste beschrijving van 'Dove mensen' als een culturele groep [...] het boek betekende een breuk met de lange traditie van 'pathologiseren' van Dove mensen [...] In zekere zin zorgde het boek voor officiële en publieke erkenning van een dieper aspect van het leven van Dove mensen: hun cultuur.[3]

Maar hoewel Stokoes geschriften achteraf gezien werden als 'inslaande bommen' en 'mijlpalen', en hoewel ze achteraf gezien kunnen worden als belangrijke determinanten van de daarop volgende bewustzijnsverandering, werden ze in hun tijd nauwelijks opgemerkt. In een terugblik merkte Stokoe zelf droog op:

> Op de publikatie in 1960 [van *Sign Language Structure*] volgde een eigenaardige beperkte reactie. Met uitzondering van Dean Detmold en een of twee collega's viel de hele wetenschappelijke staf van Gallaudet over mij, de linguïstiek en de studie van gebarentaal heen [...] De ontvangst van de eerste linguïstische studie van een door doven gebruikte gebarentaal mocht dan koel geweest zijn in mijn eigen werkkring, ze was ronduit ijzig in een groot deel van het buitengewoon onderwijs – in die tijd een gesloten bolwerk dat even afwijzend stond tegenover gebarentaal als [dat het] onbekend was met linguïstiek.[4]

Zijn werk maakte in elk geval weinig indruk op zijn collega-linguïsten: de grote theoretische werken over taal van de jaren zestig vermelden het niet, evenmin als gebarentaal. Ook Chomsky, de grootste linguïstische vernieuwer van onze tijd, deed dat niet. In 1966 kondigde hij (in het voorwoord van *Cartesian Linguistics*) nog een boek aan over 'taalsurrogaten ... bijvoorbeeld de gebarentaal van de doven' – en met die omschrijving kwalificeerde hij gebarentaal als inferieur aan de categorie van natuurlijke gesproken talen.* En toen Klima en Bellugi zich in 1970 op de studie van gebarentaal wierpen, hadden ze het gevoel dat ze maagdelijke bodem betraden, dat ze een geheel nieuw onderwerp aansneden (dit was gedeeltelijk een weerspiegeling van hun eigen originaliteit, de originaliteit die elk onderwerp volslagen nieuw doet lijken).

In zekere zin nog veel opmerkelijker was de onverschillige of vijandige reactie van de doven zelf, van wie men zou verwachten dat ze de eersten waren om Stokoes inzichten te begrijpen en te verwelkomen. Er bestaan intrigerende beschrijvingen van dit mechanisme – en van latere 'bekeringen' – bij voormalige collega's van Stokoe en bij anderen, die allemaal zelf gebarentaal als moedertaal hadden en zelf doof waren of dove ouders hadden. Zou de gebarentaalgebruiker niet zelf als eerste de structurele complexiteit van zijn eigen taal zien? Het waren echter juist de gebarentaalgebruikers zelf die het minst begrepen van of zich het sterkst verzetten tegen de opvattingen van Stokoe. Zo vertelt Gilbert Eastman (die later een eminent toneelschrijver werd voor het doventoneel en een vurig aanhanger van Stokoe): 'Mijn collega's en ik lachten om dr Stokoe en zijn waanzinnige onderneming. Het was onmogelijk om onze gebarentaal te analyseren.'

* Klima en Bellugi melden echter dat Chomsky op een conferentie in 1965, waar hij sprak over taal als 'een specifieke klank-betekenis-correspondentie', gevraagd werd hoe hij dan dacht over de gebarentaal van de doven (in termen van deze kwalificatie). Hij toonde zich ondogmatisch en zei niet in te zien waarom het klankgedeelte cruciaal zou zijn en herformuleerde zijn definitie als: 'een signaal-betekenis-correspondentie' (Klima en Bellugi, 1979, p. 35).

De redenen hiervoor zijn complex en wortelen diep in het bewustzijn, en ze hebben waarschijnlijk geen parallel in de wereld der horenden en sprekenden. Want wij (99,9 procent van ons) nemen spraak en gesproken taal als iets vanzelfsprekends, wij hebben geen speciale belangstelling voor spraak, we denken er nooit over na en het kan ons al evenmin schelen of het verschijnsel geanalyseerd wordt of niet. Maar voor de doven en voor gebarentaal ligt dat heel anders. Zij hebben een speciale, intense band met hun eigen taal: ze hebben de neiging er hoog van op te geven in liefkozende, eerbiedige bewoordingen (dat doen ze al sinds Desloges, in 1779). De doven beschouwen hun gebarentaal als een uiterst intiem, onverbrekelijk deel van hun wezen, als iets waar ze afhankelijk van zijn en ook, op een beangstigende manier, als iets dat hen elk moment kan worden afgenomen (zoals dat ook in zekere zin gebeurde op de conferentie van Milaan in 1880). Ze staan, zoals Padden en Humphries zeggen, wantrouwend tegenover 'de wetenschap van anderen', omdat ze het gevoel hebben dat die hun eigen kennis van gebarentaal kan overweldigen, een kennis die 'impressionistisch, globaal en niet analytisch' is. Maar het paradoxale is dat ze met al hun eerbied vaak het wanbegrip en de minachting tegenover gebarentaal van de horenden hebben gedeeld. (Een van de dingen die het meeste indruk maakten op Bellugi toen ze met haar studies begon was dat de doven zelf, terwijl ze toch vloeiend gebarentaal beheersten, geen idee hadden van de grammatica of interne structuur van gebarentaal en de neiging hadden deze te zien als pantomime.)

En misschien is dat ook zo gek nog niet. Er is een oud gezegde dat de vis de laatste is om het water te herkennen. En voor gebarentaalgebruikers is gebarentaal hun medium, hun water – zo gewoon en natuurlijk dat het geen uitleg behoeft. De gebruikers van een taal hebben bovenal de neiging tot een naïef realisme, ze zien hun taal als een reflectie van de werkelijkheid, niet als een constructie. 'De aspecten van de dingen die het belangrijkst voor ons zijn blijven verborgen doordat ze zo simpel en bekend zijn,' zegt Wittgenstein. Er is dus vaak een buitenstaander nodig om de gebruikers van een taal te tonen dat hun eigen uitingen, die voor henzelf zo eenvoudig en duidelijk lijken, in werkelijkheid enorm complex zijn en heel het ingewikkelde mechanisme van een echte taal bevatten en in zich bergen. Dat is precies wat er gebeurde met Stokoe en de doven – en dat wordt helder onder woorden gebracht door Louie Fant:

> Zoals de meeste kinderen van dove ouders groeide ik op zonder me bewust te zijn van het feit dat ASL een taal was. Pas toen ik al halverwege de dertig was werd ik van dat misverstand verlost. Mijn ogen werden geopend door mensen die ASL niet als moedertaal hadden – die het terrein van de doofheid betraden zonder enige vooroordelen en die geen specifieke noties hadden van dove mensen en hun taal. Ze keken met nieuwe ogen naar de gebarentaal van de doven.[5]

Fant beschrijft verder hoe hij, ondanks het feit dat hij aan Gallaudet verbonden was en Stokoe goed leerde kennen (en ondanks het feit dat hij zelf een leerboek gebarentaal schreef waarbij hij gedeeltelijk gebruik maakte van Stokoes analyses), zich bleef verzetten tegen de opvatting dat gebarentaal een echte taal was. Toen hij Gallaudet in 1967 verliet en een van de oprichters werd van het National Theater of the Deaf, volhardden hij en anderen in deze houding – alle produkties van het gezelschap werden in Engels met gebaren gespeeld, omdat ASL beschouwd werd als 'bastaard-Engels en ongeschikt voor het toneel'. Af en toe gebruikten Fant en anderen onwillekeurig ASL tijdens hun voordrachten en dan sprong er altijd een vonk over – en dat had een vreemde uitwerking op hem. 'Ergens in mijn achterhoofd,' schrijft Fant over die tijd, 'groeide het besef dat Bill gelijk had en dat wat we "echte gebarentaal" noemden in feite American Sign Language was.'

Maar pas in 1970, toen Fant een ontmoeting had met Klima en Bellugi die hem allerlei vragen stelden over 'zijn' taal, vond de omslag plaats:

> Tijdens dat gesprek maakte mijn houding een volledige ommezwaai. Op haar warme, innemende manier maakte zij [Bellugi] me duidelijk hoe weinig ik werkelijk wist van gebarentaal, ook al kende ik die van kindsbeen af. Haar bewondering voor Bill Stokoe en zijn werk deed me afvragen of ik het wel allemaal goed begrepen had.

En ten slotte, een paar weken later:

> werd ik bekeerd. Ik verzette me niet meer tegen het idee dat ASL een taal was en wierp me op de studie ervan, zodat ik het als een taal kon onderwijzen.

En toch – ondanks al dat gepraat over 'bekering' – hebben dove mensen altijd intuïtief geweten, dat gebarentaal een taal was. Maar misschien was er een wetenschappelijke bevestiging voor nodig om dat feit bewust en expliciet te maken en de basis te laten vormen voor een nieuw assertief bewustzijn van hun eigen taal.

Kunstenaars (zo zegt Pound) zijn de voelhorens van een volk. En het waren kunstenaars die als eersten dat nieuwe bewustzijn in zich voelden dagen en het uitdroegen. De eerste beweging die voortvloeide uit het werk van Stokoe had dus niets te maken met onderwijs, politiek of de maatschappij, maar met kunst. Het National Theater of the Deaf (NTD) werd in 1967 opgericht, twee jaar na het verschijnen van de *Dictionary*. Maar pas in 1973, zes jaar later, voerde het NTD een toneelstuk in echte gebarentaal op, dat het speciaal had laten schrijven. Tot dat moment waren al hun produkties alleen maar gebarentranslitteraties geweest van Engelse toneelstukken. (Hoewel in de jaren vijftig en zestig George Detmold, decaan van Gallaudet College, een aantal stukken schreef waarbij hij de acteurs aanmoedigde van Engels met gebaren af te stappen en ASL te gebruiken.) Toen eenmaal de weerstand gebroken was en een nieuw bewustzijn zijn intrede had gedaan, waren de dove kunstenaars niet meer te houden. Er ontstonden gebarenpoëzie, gebarencabaret, gebarenmuziek, gebarendans – unieke artistieke vormen van gebaren die niet in gesproken taal te vertalen waren. Er ontstond een bardische traditie – of liever: die ontstond opnieuw – onder de doven: gebarentroubadours, gebarenredenaars, gebarenvertellers, die hielpen de geschiedenis en cultuur van de doven over te dragen en te verspreiden en daarmee het nieuwe culturele bewustzijn nog te verstevigen. Het NTD reisde over de hele wereld en doet dat nog steeds, niet alleen om de kunst en cultuur van de doven aan de horenden te tonen, maar ook om het bewustzijn van de doven te versterken dat ze behoren tot een wereldgemeenschap en een wereldcultuur.

Kunst is kunst en cultuur is cultuur, maar ze kunnen impliciet (zo niet expliciet) een politieke en educatieve functie hebben. Fant zelf werd een hoofdrolspeler in dit drama en hij ontpopte zich tot docent gebarentaal. Zijn boek uit 1972: *Ameslan: An Introduction to American Sign Language* was het eerste leerboek voor gebarentaal dat expliciet op Stokoes inzichten was gebaseerd. Het vervulde een belangrijke functie bij de herinvoering van gebarentaal in het onderwijs. In het begin van de jaren zeventig begon er een ommekeer te komen in het exclusieve oralisme dat zesennegentig jaar had bestaan en werd het gebruik van 'totale communicatie' (zowel gebaren als gesproken taal) ingevoerd (of liever: opnieuw ingevoerd, want het systeem was honderdvijftig jaar geleden in veel landen in zwang geweest).* Dat ging met veel weerstand gepaard: Schlesinger schrijft dat, toen ze de herin-

* Mensen die met doven te maken hebben, wordt tegenwoordig aangeraden te praten en gebaren tegelijk. Men hoopt dat door deze methode ('Simultane Communicatie' of 'Sim Com') de voordelen van beide benut kunnen worden – maar in de praktijk werkt het zo niet. Men gaat over het algemeen langzamer praten om tegelijk gebaren te kunnen maken, maar de gebaren hebben te lijden onder de spraak: ze worden meestal slordig uitgevoerd en soms worden belangrijke gebaren weggelaten – zo vaak dat ze voor degenen voor wie ze bestemd zijn, de doven, onbegrijpelijk kunnen worden. Bovendien is het nauwelijks mogelijk ASL te gebaren en tegelijk te spreken, omdat de talen volledig verschillend zijn – het is net zo moeilijk als Engels spreken en tegelijk Chinees schrijven; misschien is het wel neurologisch onmogelijk.

voering van gebarentaal in het onderwijs bepleitte, ze waarschuwingen en dreigbrieven kreeg en dat, toen haar boek *Sound and Sign* in 1972 verscheen, het veel wrijving opriep en de mensen er 'een bruin kaftpapiertje om deden alsof het een verboden boek was'. En ook nu nog raast het conflict voort, en hoewel tegenwoordig gebarentaal in de scholen wordt gebruikt, *is het vrijwel altijd Engels met gebaren en geen echte gebarentaal.* Stokoe heeft altijd gezegd dat doven tweetalig (en bicultureel) moeten zijn, dat ze de taal van de dominante cultuur moeten leren, maar ook en even goed hun eigen taal: gebaren.* Gebarentaal wordt echter nog steeds niet gebruikt op de scholen en instituten (behalve in religieuze instellingen) en blijft grotendeels beperkt tot de omgangstaal, zoals zeventig jaar geleden. Dat is zelfs het geval op Gallaudet – het is zelfs sinds 1982 officieel beleid dat gebaren en tolken op de colleges in Engels met gebaren moeten gebeuren – wat ten zeerste heeft bijgedragen tot de revolte.

Het persoonlijke en het politieke gaan altijd samen en in dit geval komt er nog het linguïstische bij. Barbara Kannapell brengt dit tot uitdrukking als ze de invloed van Stokoe, van het nieuwe bewustzijn, nagaat op haarzelf en hoe ze zich

* Er zijn echter in de Verenigde Staten nog geen officiële pogingen gedaan dove kinderen tweetalig te onderwijzen – er zijn alleen wat voorbereidende experimenten geweest (zoals dat waarvan Michael Strong verslag deed [zie Strong, 1988]). Aan de andere kant, zoals Robert Johnson opmerkt, wordt op grote schaal en met succes tweetalig onderwijs gegeven in Venezuela, waar dit beleid landelijk gevoerd wordt en waar steeds grotere aantallen dove volwassenen als hulpkrachten en onderwijzers worden aangesteld (Johnson, persoonlijke communicatie). De Venezolaanse scholen hebben crèches waar dove kinderen en baby's, zodra doofheid bij hen geconstateerd is, naartoe worden gebracht om in aanraking te komen met volwassen doven die gebarentaal gebruiken, tot ze oud genoeg zijn voor de kleuterschool en lagere school, waar ze tweetalig onderwijs krijgen. Een soortgelijk systeem wordt toegepast in Uruguay. Met beide Zuidamerikaanse programma's zijn reeds grote successen geboekt en ze beloven veel voor de toekomst – jammer genoeg zijn ze tot nog toe vrijwel onbekend bij onderwijskundigen in Amerika en Europa (maar zie Johnson, Liddell en Erting, 1989). Beide hebben overtuigend aangetoond dat je heel goed kunt leren lezen zonder te spreken en dat 'totale communicatie' geen noodzakelijke brug is tussen oraal en tweetalig onderwijs.

bewust werd van zichzelf als een dove persoon met een speciale linguïstische identiteit – 'mijn taal, dat ben ik' – en vandaar tot het standpunt kwam dat gebarentaal de kern is van de dovenidentiteit ('ASL afwijzen is de dove mens afwijzen ... [want] ASL is een persoonlijke creatie van de doven als groep ... het is het enige wat we hebben dat volledig van de doven zelf is'). Ontroerd door deze persoonlijke en sociale belijdenissen stichtte Kannapell in 1972 *Deaf Pride*, een organisatie voor bewustmaking van de doven.

Kleinering van doven, neerbuigendheid ten opzichte van doven, passiviteit en zelfs schaamte waren maar al te gebruikelijk vóór het begin van de jaren zeventig. Dat is duidelijk te merken in de roman uit 1970 van Joanne Greenberg *In This Sign* – en Stokoes *Dictionary* en de erkenning van gebarentaal door linguïsten waren nodig om een beweging in de tegenovergesteld richting op gang te brengen, een beweging voor dovenidentiteit en doventrots.*

Dat was essentieel, maar het was natuurlijk niet de enige factor in de dovenbeweging sinds 1960: er waren vele andere factoren van gelijke kracht, en allemaal kwamen ze te zamen om de revolutie van 1988 voort te brengen. In de jaren zestig kwam er speciale aandacht voor de armen, de verdrukten, de minderheden – toen ontstonden de burgerrechtenbeweging, het politiek activisme, de verschillende 'bevrijdings'- en 'emancipatie'bewegingen. En in dezelfde tijd werd gebarentaal langzaam en tegen veel verdrukking in wetenschappelijk gelegitimeerd, en kregen de doven langzaam een besef van eigenwaarde en hoop en begonnen te vechten tegen het negatieve beeld en de negatieve gevoelens die hen al een eeuw lang achtervolgden. Er kwam een grotere tolerantie in het

* Deze beweging, die in de Verenigde Staten begon, is inmiddels wereldwijd. Zo vertelt een Nederlandse informant mij dat 'het werk van Stokoe, Bellugi en anderen de status van gebarentaal onder de doven zelf zo verhoogd heeft [...] dat zelfs in landen met een zeer sterke orale traditie en daardoor een arme, onderontwikkelde gebarentaal, als Nederland, de gebarentaal nu zeer snel groeit [...]' De afgelopen jaren is er in Nederland 'een explosie van nieuwe gebaren en nieuwe combinaties' geweest (persoonlijke communicatie Wim Emmerik en Jos den Bekker).

algemeen voor culturele diversiteit, een steeds sterker besef dat mensen heel verschillend kunnen zijn en toch waardevol en gelijk, met name een steeds sterker besef dat de doven inderdáád een 'volk' vormen en dat ze niet zomaar een groep geïsoleerde, abnormale, gehandicapte individuen zijn. Er vond een verschuiving plaats van een medisch of pathologisch gezichtspunt naar een antropologisch, sociologisch of etnisch gezichtspunt.*

Deze depathologisering ging gelijk op met een toename in

* De sociolinguïst James Woodward houdt zich hier voornamelijk mee bezig (zie Woodward, 1982). Dit toegenomen besef van culturele diversiteit, deze afkeer van een vaste 'norm' met 'afwijkingen' naar beneden en naar boven, gaat terug tot een genereuze traditie van een eeuw of meer geleden – in het bijzonder op de opvattingen van Laurent Clerc (en dit is een andere, zelfs nog fundamentelere reden waarom de studenten zijn naam gebruikten en het gevoel hadden dat de omwenteling in *zijn* geest was).

De lessen die Clerc gaf tot aan zijn dood, verbreedden de negentiende-eeuwse opvatting van de 'menselijke natuur' en introduceerden een relativistisch en egalitair begrip van een breed natuurlijk spectrum, niet een tweedeling in 'normaal' en 'abnormaal'. Wij denken over onze negentiende-eeuwse voorzaten als rigide, moralistisch, repressief, intolerant, maar de toon van Clercs stem en van hen die naar hem luisterden, geeft een tegengestelde indruk: namelijk dat deze eeuw zeer gastvrij was voor 'het natuurlijke' – voor de hele scala en het hele spectrum van natuurlijke neigingen – en niet geneigd (of tenminste minder dan onze eigen tijd) tot moraliseren of tot klinische oordelen over wat 'normaal' en 'abnormaal' is.

Dit besef van de verscheidenheid van de natuur komt steeds terug in Clercs korte *Autobiography* (waarvan stukken zijn opgenomen in Lane, 1984a). 'Elk schepsel, elk werk van God is een bewonderenswaardig maaksel. Wat wij er fundamenteel verkeerd in zien is in ons voordeel zonder dat we het weten.' Of: 'We kunnen God alleen danken voor de rijke verscheidenheid van zijn schepping en hopen dat in het hiernamaals de reden daarvoor geopenbaard zal worden.' Clercs opvatting van 'God', 'schepping', 'natuur' – nederig, ontvankelijk, mild, mededogend – wortelt wellicht in het beeld dat hij had van zichzelf en van andere doven: verschillende, maar volwaardige mensen. Ze staat in schril contrast met de half verschrikkelijke, half prometheïsche razernij van Bell, die doofheid steeds zag als een gebrek, een tekort, iets tragisch, en die zich constant bezighield met het 'normaliseren' van de doven, het 'corrigeren' van Gods blunders en, in het algemeen, het 'verbeteren' van de natuur. Clerc spreekt zich uit voor culturele rijkdom, tolerantie, diversiteit. Bell voor technologie, genetische manipulatie, gehoorapparaten, telefoons. De twee zijn elkaars tegenpolen, maar allebei hebben ze een rol in de wereld.

het aantal portretteringen van dove mensen in de nieuwsmedia, van documentaires tot toneelstukken en romans – portretteringen die steeds sympathieker en levensechter werden. De veranderende sociale attitudes, het veranderende zelfbeeld, kwamen tot uitdrukking in en werden belicht door deze portretteringen: het image van de doven was niet langer dat van de bedeesde, zielige Mr. Singer in *The Heart is a Lonely Hunter*, maar werd dat van de stoutmoedige heldin in *Children of a Lesser God*. Er kwam gebarentaal op televisie, in programma's zoals 'Sesamstraat', en het werd een populair keuzevak op sommige scholen. Het hele land werd zich bewust van de voorheen onzichtbare en onhoorbare doven en ook de doven zelf werden zich van zichzelf bewust, van hun toenemende aanwezigheid en macht in de maatschappij. De doven en de mensen die zich wetenschappelijk met hen bezighielden, begonnen naar het verleden te kijken – ze ontdekten (of creëerden) een dovengeschiedenis, een dovenmythologie, erfgoed van de doven.*

Binnen twintig jaar na Stokoes eerste artikel was er dus een nieuw bewustzijn gegroeid, te zamen met allerlei nieuwe motivaties en nieuwe krachten – er was een nieuwe beweging ontstaan, er werd op een confrontatie afgestevend. In de jaren zeventig kwam niet alleen *Deaf Pride* op, maar ook *Deaf Power*. Leiders stonden op onder de voorheen zo passieve doven. Er kwam een nieuw vocabulaire met woorden als 'zelfbeschikking' en 'paternalisme'. De doven, die zich vroeger kwalificaties als 'gehandicapt' en 'afhankelijk' hadden laten aanleunen – want zo werden ze door de horenden gezien

* In 1981 werd een omvangrijke *Deaf Heritage: A Narrative of Deaf America* gepubliceerd door Jack R. Gannon. De boeken van Harlan Lane boden vanaf 1976 niet alleen een geschiedenis van de doven in roerende, dramatische bewoordingen, maar waren ook op zichzelf 'politieke' gebeurtenissen die dienden om de doven een intens (en misschien deels mythisch) begrip van hun eigen verleden te geven en de wil om de beste elementen uit dat verleden te redden voor de toekomst. Ze schreven dus in tweeërlei zin geschiedenis: ze beschreven de geschiedenis en ze maakten geschiedenis (Lane zelf was niet alleen chroniqueur, maar nam ook actief deel aan de revolte van 1988).

– begonnen nu over zichzelf te denken als een macht, een autonome gemeenschap.* Het was duidelijk dat er vroeg of laat een opstand zou komen, een duidelijke politieke daad van zelfbeschikking en onafhankelijkheid en een verwerping, voor-eens-en-voor-altijd, van paternalisme.

De aantijging dat de bestuurders van Gallaudet 'geestelijk doof' waren impliceert geen kwaadwilligheid maar eerder een misplaatst paternalisme dat, vinden doven, allesbehalve goedaardig is – omdat het berust op medelijden en meewarigheid en op een impliciete kijk op de doven als 'invaliden', zo niet zieken. Speciaal werd bezwaar gemaakt tegen sommige artsen die aan Gallaudet verbonden waren en die, zo vond men, de doven uitsluitend zagen als mensen met zieke oren en niet als volwaardige individuen die aan een andere zintuiglijke modus zijn aangepast. In het algemeen, zo vindt men, steunt die beledigende goedertierenheid op een waardeoordeel van de horenden, die zeggen: 'Wij weten wat het beste is voor jullie. Laat het maar aan *ons* over', of het nu gaat om de keuze van taal (wel of niet gebarentaal toestaan), of om het beoordelen van de onderwijs- of beroepsmogelijkheden. Men vindt soms nog steeds, of weer – na de ruimere mogelijkheden die in het midden van de negentiende eeuw voorhanden waren – dat doven maar drukker moeten worden of bij de posterijen moeten gaan werken, 'lage' baantjes vervullen en geen hoger onderwijs nastreven. De doven hadden met andere woorden het gevoel dat hun verteld werd wat ze

* Zo leek het tenminste voor buitenstaanders – de doven kwamen in opstand tegen de kwalificatie 'gehandicapt'. Binnen de dovengemeenschap zag men de zaken echter over het algemeen anders: ze hadden zichzelf nooit als gehandicapt beschouwd, zei men. Padden en Humphries benadrukken dit: *' "Gehandicapt" is een etiket dat historisch niet bij de doven past. Het suggereert politieke zelfvertegenwoordiging en doelstelingen waarmee de doven niet bekend zijn. Als dove mensen praten over hun doofheid, dan gebruiken ze termen die diep verbonden zijn met hun taal, hun verleden en hun gemeenschap. Hun zorg heeft altijd gegolden het behoud van hun taal, onderwijsmogelijkheden voor dove kinderen en behoud van hun sociale en politieke organisaties. Het moderne jargon van "aan de bak komen" en "burgerrechten" is dove mensen vreemd en werd door hun leiders gebruikt omdat het publiek dit soort wensen beter begrijpt dan wat de dovengemeenschap speciaal bezighoudt.'* (Padden en Humphries, 1988, p. 44)

moesten doen, dat ze behandeld werden als kinderen. Bob Johnson vertelde me een typerend verhaal:

> Na jaren hier gewerkt te hebben, heb ik de indruk gekregen dat de staf en het personeel van Gallaudet de studenten als een soort huisdieren zien. Een van de studenten bijvoorbeeld ging naar het bureau voor externe dienstverlening; ze hadden gezegd dat er een mogelijkheid zou komen om te oefenen voor sollicitaties. De bedoeling was om een echt sollicitatiegesprek aan te vragen en te leren hoe je dat moest doen. Hij zette zijn naam op de lijst. De volgende dag werd hij gebeld door een vrouw van het bureau voor externe dienstverlening die hem vertelde dat ze alles voor het gesprek geregeld had, een tolk had gearrangeerd, een tijd afgesproken en voor een auto gezorgd die hem kon brengen [...] en ze begreep maar niet waarom hij zo kwaad werd. Hij zei: 'De reden waarom ik dit doe is dat ik wil leren hoe je zo iemand moet opbellen, hoe je een auto moet zien te krijgen, hoe je een tolk moet charteren, en dat doet u allemaal voor mij. Dat is niet wat ik wil.' Dat is het hele eieren eten.

De studenten van Gallaudet waren verre van kinderlijk of incompetent, zoals ze 'verondersteld' werden te zijn (en zoals ze zich vaak zelf zagen), maar legden juist veel vaardigheid aan de dag bij het organiseren van de maartrevolte. Dat viel me vooral op als ik in de 'verbindingskamer' kwam, het zenuwcentrum van Gallaudet tijdens de staking, dat volstond met telexen en teksttelefoons.* Van hieruit hadden de dove

* Men moet niet denken dat zelfs maar de fanatiekste voorstander van gebarentaal tegen andere manieren van communicatie is als die nodig mochten zijn. Het leven van de doven is in de afgelopen jaren ingrijpend veranderd door allerlei technische vindingen zoals ondertiteling op tv via teletekst en de teksttelefoon – een apparaat waarover Alexander Graham Bell verheugd zou zijn geweest (hij vond aanvankelijk gedeeltelijk de telefoon uit als een hulpmiddel voor doven). De staking aan Gallaudet in 1988 zou nauwelijks mogelijk zijn geweest zonder zulke technische hulpmiddelen, waarvan de studenten op een briljante manier gebruik maakten.

studenten contact met de pers en de televisie – ze nodigden ze uit, ze gaven interviews, ze stelden nieuwsbulletins samen, gaven persberichten uit, vierentwintig uur per dag; van hieruit zamelden ze geld in voor hun campagne voor een 'Dove Rector Nu'; van hieruit zochten ze en kregen ze steun van het Congres, presidentskandidaten, vakbondsleiders. Ze vonden bij de hele wereld gehoor op dit buitengewone moment, toen ze het nodig hadden.

Zelfs het bestuur luisterde. Na vier dagen, waarin de studenten alleen gezien werden als domme, opstandige kinderen die in het gareel gebracht moesten worden, werd dr Zinser gedwongen even stil te staan en te luisteren, haar eigen aloude premissen opnieuw te bekijken, de dingen in een ander licht te zien – en ten slotte af te treden. Ze deed dat in roerende en kennelijk oprechte bewoordingen. Ze zei dat zij noch het stichtingsbestuur de felheid en de betrokkenheid van de protesten had voorzien of had begrepen dat dit de eerste golf was van een aanzwellende nationale beweging voor dovenrechten. 'Ik heb gehoor gegeven aan deze buitengewone sociale beweging van de doven,' zei ze toen ze op de avond van 10 maart haar ontslag indiende, en ze voegde eraan toe dat ze de gebeurtenis was gaan zien als 'een zeer historisch moment, uniek in de geschiedenis, een burgerrechtenbeweging voor dove mensen'.

*

Vrijdag, 11 maart: De stemming op de campus is volledig omgeslagen. Er is een slag gewonnen. Er heerst opgetogenheid. Er moeten nog meer slagen gestreden worden. Borden met de vier eisen van de studenten zijn vervangen door plakkaten met het cijfer '3½', omdat het aftreden van dr Zinser maar half tegemoet komt aan de eerste eis van de studenten dat er onmiddellijk een dove rector benoemd wordt. Maar er is ook een element van vriendelijkheid bijgekomen dat nieuw is, de spanning en de woede van donderdag zijn verdwenen, te zamen met de mogelijkheid van een volslagen, vernederende nederlaag. Er heerst overal een grootmoedige sfeer – veroorzaakt, ten dele denk ik, door de waardigheid en de woorden waarmee Zinser haar ontslag indiende, woorden waarmee ze zich aansloot bij en het beste wenste voor wat ze noemde een 'buitengewone sociale beweging'.

Van alle kanten komt steun: driehonderd dove studenten van het National Technical Institute for the Deaf arriveren, opgetogen en uitgeput na een busrit van vijftien uur, uit Rochester, New York. Dovenscholen in het hele land sluiten hun deuren uit solidariteit. Uit elke staat komen doven – ik zie borden uit Iowa en Alabama, uit Canada, uit Zuid-Amerika, en ook uit Europa, zelfs uit Nieuw-Zeeland. De gebeurtenissen op Gallaudet halen al twee dagen de voorpagina van alle kranten in het hele land. Vrijwel elke auto die langs Gallaudet komt toetert en de straten stromen vol sympathisanten als de tijd voor de mars naar het Capitool nadert. En ondanks al het getoeter, de toespraken, de spandoeken en de pickets, heerst er een buitengewone rust en waardigheid.

's Middags: We zijn met ongeveer 2500 mensen, duizend studenten van Gallaudet en de rest sympathisanten, als we langzaam aan de mars naar het Capitool beginnen. Naarmate de stoet vordert daalt er een geweldige rust over ons neer die me verwondert. Niet dat het echt rustig is (er wordt zelfs een hoop lawaai gemaakt – de oorverdovende gillen van de doven, om maar iets te noemen), dus besluit ik dat het de rust van een moreel drama moet zijn. Het besef dat we een historisch moment beleven verleent de hele gebeurtenis een vreemde rust.

Langzaam, want er zijn kinderen bij en er worden baby's meegedragen, en er zijn ook lichamelijk gehandicapten onder ons (sommigen doof en blind, anderen atactisch, en weer anderen lopen op krukken) – langzaam en in een stemming die een mengsel is van besluitvaardigheid en feestelijkheid lopen we naar het Capitool, en daar, in het heldere maartse zonnetje dat de hele week al schijnt, ontrollen we onze spandoeken en stellen we onze borden op. Op een groot spandoek staat: 'WIJ HEBBEN NOG STEEDS EEN DROOM', en een andere leuze, waarvan de afzonderlijke letters door veertien mensen gedragen worden, luidt eenvoudig: 'CONGRES HELP ONS'.

We staan hutje-mutje, maar je hebt niet het gevoel van een anonieme menigte – meer van een buitengewone camaraderie. Vlak voordat de toespraken beginnen, word ik omhelsd – het zal wel iemand zijn die ik ken, denk ik, maar het is een student met een bord waarop 'ALABAMA' staat: hij omhelst me, slaat me op de schouder, lacht als een kameraad. We zijn vreemden voor elkaar, maar toch, op dit speciale moment zijn we kameraden.

Er worden veel toespraken gehouden – door Greg Hlibok, door sommige leden van de wetenschappelijke staf, door Congresleden en senatoren. Ik luister een poosje:

> Het is al te gek [zegt een van hen, een professor van Gallaudet] dat aan het hoofd van Gallaudet University nog nooit een dove heeft gestaan. Vrijwel elke zwarte hogeschool heeft een zwarte rector, als bewijs voor het feit dat de zwarten hun eigen leiders hebben. Vrijwel elke hogeschool voor vrouwen heeft een vrouwelijke rector, als bewijs voor het feit dat vrouwen in staat zijn om zichzelf te besturen. Het wordt hoog tijd dat Gallaudet een dove rector krijgt, als bewijs voor het feit dat dove mensen hun eigen leiders hebben.

Ik laat mijn blik dwalen over het hele tafereel: duizenden mensen, allemaal even grote individualisten, maar verbonden en verenigd door hetzelfde gevoel. Na de toespraken volgt een pauze van een uur waarin een aantal mensen naar binnen gaat om met leden van het Congres te praten. Het merendeel echter gaat op het grote plein voor het Capitool zitten om de meegebrachte etenswaren te nuttigen en tegen elkaar te praten, of liever te gebaren – en dat is, voor mij en voor al degenen die zijn meegegaan of die er toevallig getuige van zijn, misschien wel het mooiste gezicht dat er bestaat: duizend of meer mensen die vrij in het openbaar tegen elkaar gebaren – niet thuis of binnen de poorten van Gallaudet – maar openlijk en zonder verlegenheid, en bevallig, recht voor het Capitool.

De pers heeft alle toespraken gerapporteerd, maar met geen woord gerept over wat minstens zo belangrijk is. Ze heeft verzuimd de toekijkende buitenwereld een actueel beeld te geven van de volheid, de levendigheid, het onmedische leven van de doven. En terwijl ik tussen de mensenmassa door loop die druk onder het nuttigen van boterhammen en drankjes tegen elkaar zit te gebaren, schieten me opnieuw de woorden te binnen van een dove student van de California School for the Deaf, die op televisie gebaarde:

> Wij zijn een uniek volk, met onze eigen cultuur en onze eigen taal – ASL, dat onlangs als een echte authentieke taal is erkend – die ons onderscheiden van horende mensen.

Samen met Bob Johnson loop ik terug van het Capitool. Ik ben zelf nogal a-politiek en heb zelfs moeite het jargon van politici te begrijpen. Bob, een pionier op het gebied van gebarenlinguïstiek die al jaren onderzoek doet en onderwijs geeft aan Gallaudet, zegt:

> Het is werkelijk verbazingwekkend, want mijn ervaring is altijd geweest dat doven passief zijn en de behandeling accepteren die ze van horenden krijgen. Ik heb altijd meegemaakt dat ze bereid waren of bereid leken de 'cliënt' te spelen, terwijl ze in feite zelf de touwtjes in handen zouden moeten nemen [...] nu plotseling is er een radicale verandering gekomen in hun bewustzijn: wat het betekent om doof te zijn en om de verantwoordelijkheid voor de dingen op zich te nemen. Het waanidee dat doven machteloos zijn – dat waanidee is nu plotseling verdwenen, en dat betekent dat alles er nu voor hen anders kan gaan uitzien. Ik ben erg optimistisch en buitengewoon enthousiast over wat er de komende jaren gaat gebeuren.

'Ik begrijp niet precies wat je bedoelt met "cliënt",' zeg ik.

> Je kent Tim Rarus [legt Bob uit] – die jongen die vanochtend op de barricaden stond en wiens gebaren je zo bewonderde omdat je ze zo zuiver en hartstochtelijk vond – nou, die heeft in twee woorden samengevat waar deze omwenteling om draait. Hij zei: 'Het is erg eenvoudig. Geen dove rector, geen universiteit', en toen haalde hij zijn schouders op en keek recht in de tv-camera, en dat was alles wat hij te zeggen had. Dat was de eerste keer dat de doven zich realiseerden dat een koloniale cliëntenindustrie zoals deze niet kan bestaan zonder cliënten. Het is een miljardenindustrie voor de horenden. Als de doven niet meer meedoen, kun je de industrie wel vergeten.

Op zaterdag heerst er een heerlijke vakantiestemming – het is een rustdag (sommige studenten hebben vrijwel nonstop gewerkt sinds de eerste demonstratie van zondagavond) en een dag voor barbecues op de campus. Maar ook nu wordt niet vergeten waar het om gaat. De hapjes krijgen spotnamen: *Spilman dogs* en *Board burgers*. Er heerst een feeststemming op de campus nu studenten en schoolkinderen van tientallen andere staten zijn toegestroomd (een klein doof zwart meisje uit Arkansas ziet al de gebaren om zich heen en zegt in gebarentaal: 'Het is net één grote familie vandaag'). Er is ook een massa dove kunstenaars van over het hele land gekomen, sommigen om deze unieke gebeurtenis in de geschiedenis van de doven vast te leggen en te vieren.

Greg Hlibok is ontspannen maar erg op zijn hoede: 'We hebben de zaak in de hand. We doen het kalm aan. We willen niet te ver gaan.' Twee dagen eerder dreigde Zinser nog de teugels strak te trekken. En wat we nu zien is dat de doven de teugels in eigen hand nemen, een rustig zelfbewust vertrouwen dat voortkomt uit innerlijke kracht en zekerheid.

Zondagavond, 13 maart: Vandaag was het stichtingsbestuur in vergadering bijeen, negen uur lang. Het waren negen uren van spanning, afwachten. Niemand wist wat er zou gebeuren. Toen ging de deur open en verscheen Philip Bravin, een van de vier dove bestuursleden, die alle studenten kennen. Zijn verschijning – en niet die van Spilman – sprak al boekdelen, voor hij iets had kunnen gebaren. Hij sprak, gebaarde nu als voorzitter van het bestuur, want Spilman was afgetreden. En zijn eerste taak was uit naam van het bestuur de blijde boodschap te verkondigen dat King Jordan tot rector was benoemd.

King Jordan, die op eenentwintigjarige leeftijd doof werd, is al vijftien jaar aan Gallaudet verbonden. Hij is decaan van de afdeling studium generale en is een populaire, bescheiden, uiterst nuchtere man, die aanvankelijk Zinser steunde toen ze gekozen werd.* Ontroerd zei Jordan, sprekend en gebarend tegelijk:

> Met groot genoegen aanvaard ik de uitnodiging van het stichtingsbestuur om rector te worden van Gallaudet University. Dit is een historisch moment voor de doven over de hele wereld. Deze week kunnen we waarlijk zeggen dat wij samen, verenigd, onze terughoudendheid hebben overwonnen om voor onze rechten op te komen. De dovengemeenschap is volwassen geworden. We accepteren geen beperkingen meer op onze toekomstmogelijkheden. De hoogste lof gaat uit naar de studenten van Gallaudet die hebben laten zien dat een met voldoende inzet nagestreefd ideaal werkelijkheid kan worden.

Daarmee was het hek van de dam en overal barstte een juichstemming los. Terwijl iedereen terugkeert naar Gallaudet voor een laatste triomfantelijke bijeenkomst zegt Jordan: 'Ze weten nu dat er geen grens meer is aan wat ze kunnen

* Hoewel bijna iedereen blij was met de keuze van King Jordan, zagen sommigen zijn verkiezing als een compromis (omdat hij een postlinguale dove is) en steunden ze de kandidatuur van Harvey Corson, hoofd van de Louisiana School for the Deaf en de derde overgebleven kandidaat, die prelinguaal doof is en gebarentaal als moedertaal heeft.

bereiken. Wij weten dat doven alles kunnen wat horenden kunnen, behalve horen.' En Hlibok omhelst Jordan en voegt eraan toe: 'We hebben de top bereikt en we hebben hem samen beklommen.'

Maandag, 14 maart: Gallaudet ziet er oppervlakkig bekeken normaal uit. De barricaden zijn afgebroken, de campus is open. De 'opstand' heeft precies een week geduurd – van vorige week zondagavond, 6 maart, toen dr Zinser tegen de zin van de universiteit werd benoemd, tot de gelukkige omwenteling van gisteravond, die volslagen andere zondagavond, toen alles veranderde.

*

'God heeft in zeven dagen de wereld geschapen, wij hebben hem in zeven dagen veranderd' – dat was de grap die in gebarentaal over de campus de ronde deed. En met dat gevoel gingen de studenten met paasvakantie naar hun families in het hele land, in euforische stemming overal het blijde nieuws verkondigend.

Maar een werkelijke verandering, een historische verandering, gebeurt niet in een week, ook al vindt de noodzakelijke voorwaarde, 'de bewustzijnstransformatie', van de ene dag op de andere plaats, zoals in dit geval. 'Veel studenten,' vertelde Bob Johnson, 'beseffen niet wat er allemaal komt kijken bij een verandering en hoeveel tijd die kost, ofschoon ze wel hun kracht en hun macht beseffen... De onderdrukkingsstructuur zit er nog diep in.'

Maar er is een begin gemaakt. Er is een nieuw 'image', een nieuwe beweging, niet alleen op Gallaudet, maar in de hele dovenwereld. Het nieuws, vooral op televisie, heeft de studenten een stem gegeven en heeft hen zichtbaar gemaakt voor het hele land. Maar de meeste indruk hebben de gebeurtenissen natuurlijk gemaakt op de doven zelf. Ze hebben hen samengesmeed tot een gemeenschap, een wereldgemeenschap, zoals nooit tevoren.

De invloed van de gebeurtenissen, zij het alleen symbolisch, is al groot op de dove kinderen. Een van de eerste dingen die King Jordan deed na de paasvakantie was naar de basisschool van Gallaudet gaan en een toespraak houden voor de kinderen, iets wat geen enkele rector van Gallaudet ooit eerder had gedaan. Die serieuze aandacht moet wel invloed hebben op hun toekomstverwachtingen. (Dove kinderen denken soms dat ze zullen 'veranderen' in horende volwassenen, of anders gedoemd zijn zwakke underdogs te worden.) Charlotte in Albany volgde enthousiast de gebeurtenissen van Gallaudet op de televisie, gekleed in een t-shirt met het opschrift *Deaf Power* en de *Deaf Power*-groet oefenend. En twee maanden na de revolte op Gallaudet woonde ik de jaarlijkse diploma-uitreiking bij op de Lexington School for the Deaf, die al sinds de jaren zestig van de vorige eeuw een bolwerk van het oralisme is. Greg Hlibok, een oud-leerling, was als gastspreker (gebaarder) uitgenodigd, evenals Philip Bravin. En alle openingstoespraken werden voor het eerst in honderdtwintig jaar in gebarentaal gehouden. Dat zou allemaal niet mogelijk zijn geweest zonder de Gallaudet-revolte.

Allerlei soorten veranderingen – bestuurlijke, onderwijskundige, sociale, psychologische – zijn al begonnen op Gallaudet. Maar wat op dit moment het meest opvalt, is de sterk veranderde houding van de studenten, een houding die een nieuwe, geheel ongedwongen sfeer van plezier en rehabilitatie uitstraalt, van vertrouwen en waardigheid. Dit nieuwe zelfbewustzijn betekent een definitieve breuk met het verleden die nog maar een paar maanden daarvoor onvoorstelbaar zou zijn geweest.

Maar is alles veranderd? Is de 'bewustzijnstransformatie' blijvend? Zullen de doven van Gallaudet, zal de dovengemeenschap in het algemeen, inderdaad de kansen krijgen die ze willen? Zullen wij, de horenden, hun die kansen geven? Hun toestaan zichzelf te zijn, een unieke cultuur in ons midden te vormen en toch gelijkwaardig te zijn op elk maatschappelijk gebied? Laten we hopen dat de gebeurtenissen op Gallaudet nog maar het begin zijn.

Noten

EEN

1. Wright, 1969, pp. 200–201.
2. Wright, 1969, p. 25.
3. Wright, 1969, p. 22.
4. Miller, 1976.
5. Wright, 1969, pp. 32–33.
6. Wright, 1969, pp. 50–52.
7. Lane, 1984b, pp. 84–85.
8. Lane, 1984b, p. 181.
9. Lane, 1984b, p. 32.
10. De geschriften van Hughlings-Jackson over afasie zijn gebundeld in een uitgave van het tijdschrift *Brain*, kort na zijn dood gepubliceerd (Hughlings-Jackson, 1915). De beste kritiek op zijn begrip 'propositionering' is te lezen in hoofdstuk 3 van de schitterende tweedelige *Aphasia and Kindred Disorders of Speech* van Henry Head.
11. Lane, 1984b, p. 37.
12. Lane, 1984b, p. 195.
13. Furth, 1966.

TWEE

1. Church, 1961, pp. 94–95.
2. Massieus autobiografie is herdrukt in Lane, 1984b, pp. 76–80; ook gedeelten uit het boek van Sicard zijn hierin afgedrukt, pp. 83–126.
3. Vygotsky, 1962, p. 5.
4. Shengold, 1988.
5. Ik citeer met toestemming van Schaller uit deze en andere brieven, alsmede uit een boek in voorbereiding.
6. Rapin, 1979, p. 210.
7. Schlesinger en Meadow, 1972. Ook in Engeland zijn zeer gedetailleerde studies verricht door Wood et al. die, net als Schlesinger, de bemiddelende rol van ouders en onderwijzers als cruciaal beschouwen en laten zien hoe vaak en op hoeveel verschillende en subtiele manieren deze te kort kan schieten bij dove kinderen.
8. Schlesinger, Hilde: 'Buds of Development: Antecedents of Academic Achievement', werk in voorbereiding.
9. Deze interactie is een belangrijk onderzoeksobject van de cognitieve psychologie. Zie vooral L.S. Vygotsky, *Thought and Language*; A.R. Luria en F.Ia. Yudovich, *Speech and the Development of Mental Processes in*

the Child; en Jerome Bruner, *Child's Talk*. En natuurlijk (en vooral met betrekking tot de ontwikkeling van emoties, fantasie, creativiteit en spelgedrag) houdt de analytische psychologie zich hier evenzeer mee bezig. Zie D.W. Winnicott, *The Maturational Process and the Facilitating Environment*; M. Mahler, F. Pine en A. Bergman, *The Psychological Birth of the Human Infant*; en Daniel N. Stern, *The Interpersonal World of the Infant*.

10. Schlesinger, 1988, p. 262.
11. Schlesinger, Hilde: 'Buds of Development: Antecedents of Academic Achievement', werk in voorbereiding.
12. Kyle en Woll, 1985, p. 55.
13. Myklebust, 1960.
14. Dit werd duidelijk naar voren gebracht door de vele bijdragen aan het *Festschrift* voor Stokoe dat in 1980 gepubliceerd werd. Zie Baker en Battison, 1980 – met name de artikelen van Gilbert Eastman en Louie Fant.
15. Chomsky, 1968, p. 76.
16. Zie Corina, 1989.
17. Zie Lévy-Bruhl, 1910.
18. Supalla en Newport, 1978.
19. Zie Liddell en Johnson, in voorbereiding, en Liddell en Johnson, 1986.
20. Stokoe, 1979.
21. Bellugi et al., 1989.
22. Voor een overzicht van het werk van Neville, zie Neville, 1988 en Neville, 1989.
23. Neville en Bellugi, 1978.
24. Onder andere Goldberg, Vaughan en Gerstman, 1978 en Goldberg en Costa, 1981. Zie ook Goldberg, 1989.
25. Poizner, Klima en Bellugi, 1987, p. 206.
26. Zie Goldberg en Costa, 1981; zie ook Zaidel, 1981.
27. Zie Schlesinger, 1987.
28. Gee en Goodhart, 1988.
29. Het onderzoek van Newport en Supalla wordt besproken in Rymer, 1988.
30. Supalla, in voorbereiding.
31. Bellugi, 1980, pp. 135–136.
32. Changeux, 1985.
33. Edelman, 1987.
34. Schein, 1984, p. 131.
35. Petitto en Bellugi, 1988.
36. Klima en Bellugi, 1979, Inleiding en hoofdstuk 1.

DRIE

1. Padden en Humphries, 1988, p. 6.
2. Zie Gallaudet, 1983.
3. Padden, 1980, p. 90.
4. Stokoe, 1980, pp. 266–267.
5. Fant, 1980.

Literatuur

Baker, Charlotte, en Robbin Battison (red.), *Sign Language and the Deaf Community: Essays in Honor of William C. Stokoe*. National Association of the Deaf, Silver Spring (Md.) 1980.

Bell, Alexander Graham, *Memoir upon the Formation of a Deaf Variety of the Human Race*. National Academy of Science, New Haven 1883.

Bellugi, Ursula, 'Clues from the Similarities Between Signed and Spoken Language', in: *Signed and Spoken Language: Biological Constraints on Linguistic Form*, red. U. Bellugi en M. Studdert-Kennedy. Verlag Chemie, Weinheim/Deerfield Beach (Fla.) 1980.

Beluggi, Ursula en Don Newkirk, 'Formal Devices for Creating New Signs in American Sign Language', in: *Sign Language Studies* 30, 1980, pp. 1 – 33.

Beluggi, U., L. O'Grady, D. Lillo-Martin, M. O'Grady, K. van Hoek en D. Corina, 'Enhancement of Spatial Cognition in Hearing and Deaf Children', in: *From Gesture to Language in Hearing Children*, red. V. Volterra en C. Erting. Springer Verlag, New York 1989.

Belmont, John, Michael Karchmer en James W. Bourg, 'Structural Influences on Deaf and Hearing Children's Recall of Temporal/Spatial Incongruent Letter Strings', in: *Educational Psychology* 3, 1983, nrs. 3 – 4, pp. 259 – 274.

Brown, Roger, *Words and Things*. The Free Press, Glencoe (Ill.) 1958.

Bruner, Jerome, *Towards a Theory of Instruction*. Harvard University Press, Cambridge (Mass.) 1966.

Bruner, Jerome, *Child's Talk: Learning to Use Language*. Oxford University Press, New York/Oxford 1983.

Bruner, Jerome, *Actual Minds, Possible Words*. Harvard University Press, Cambridge (Mass.)/Londen 1986.

Bullard, Douglas, *Islay*. T.J. Publishers, Silver Spring (Md.) 1986.

Burlingham, Dorothy, *Psychoanalystic Studies of the Sighted and the Blind*. International Universities Press, New York 1972.

Changeux, J.-P., *Neuronal Man*. Pantheon Books, New York 1985.

Chomsky, Noam, *Syntactic Structures*. Mouton, 's Gravenhage 1957.

Chomsky, Noam, *Cartesian Linguistics*. Harper & Row, New York 1966.

Chomsky, Noam, *Language and Mind*. Harcourt, Brace and World, New York 1968. Ned. vert. *Taal en Mens*, Deventer 1970.

Church, Joseph, *Language and the Discovery of Reality*. Random House, New York 1961.

Conrad, R. *The Deaf Schoolchild: Language and Cognitive Function*. Harper & Row, Londen/New York 1979.

Corina, David P., 'Recognition of Affective and Noncanonical Linguistic Facial Expressions in Hearing and Deaf Subjects', in: *Brain and Cognition* 9, 1989, nr. 2, pp. 227 – 237.
Crick, Francis, 'The Recent Excitement About Neural Networks', in: *Nature* 337, 12 januari 1989, pp. 129 – 132.
Curtiss, Susan, *Genie: A Psycholinguistic Study of a Modern-Day 'Wild Child'*. Academic Press, New York 1977.
Damasio, A., U. Bellugi, H. Damasio, H. Poizner, en J. van Gilder, 'Sign Language Aphasia During Left-Hemisphere Amytal Injection', in: *Nature* 322, 24 juli 1986, pp. 363 – 365.
Eastman, Gilbert, 'From Student to Professional: A Personal Chronicle of Sign Language', in: *Sign Language and The Deaf Community*, red. C. Baker en R. Battison. National Association of the Deaf, Silver Spring (Md.) 1980.
Edelman, Gerald M., *Neural Darwinism: The Theory of Neuronal Group Selection*. Basic Books, New York 1987.
Erting, Carol J., Carlene Prezioso en Maureen O'Grady Hynes, 'The Interactional Context of Deaf Mother-Infant Communication', in: *From Gesture to Language in Hearing and Deaf Children*, red. V. Volterra en C. Erting. Springer Verlag, New York 1989.
Fant, Louie. 'Drama and Poetry in Sign Language: A Personal Reminiscence', in: *Sign Language and the Deaf Community*, red. C. Baker en R. Battison. National Association of the Deaf, Silver Spring (Md.) 1980.
Feuerbach, Anselm von, *Kaspar Hauser, Beispiel eines Verbrechens am Seelen des Menschen*. Ansbach 1832. Eng. vert. *Caspar Hauser: An account of an individual kept in a dungeon, separated from all communication with the world, from early childhood to about the age of seventeen*. Simpkin & Marshall, Londen 1834.
Fischer, Susan D., 'Sign Languages and Creoles', in: *Understanding Language Through Sign Language Research*, red. Patricia Siple. Academic Press, New York 1978.
Furth, Hans G., *Thinking without Language: Psychological Implications of Deafness*. Free Press, New York 1966.
Gallaudet, Edward Miner, *History of the College for the Deaf, 1857 – 1907*. Gallaudet College Press, Washington DC 1983.
Gannon, Jack R., *Deaf Heritage: A Narrative History of Deaf America*. Silver National Association of the Deaf, Silver Spring (Md.) 1981.
Gee, James Paul, en Wendy Goodhart, 'ASL and the Biological Capacity for Language', in: *Language Learning and Deafness*, red. Michael Strong. Cambridge University Press, New York/Cambridge 1988.
Geerts, Clifford, *The Interpretation of Cultures*. Basic Books, New York 1973.
Goldberg, E., 1989. 'The Gradiential Approach to Neocortical Functional Organization', in: *Journal of Clinical and Experimental Neuropsychology* 11, nr. 4, zomer 1989.
Goldberg, E., en L.D. Costa, 'Hemispheric Differences in the Acquisition of Descriptive Systems', in: *Brain and Language*, 1981, nr. 14, pp. 144 – 173.

Goldberg, E., H.G. Vaughan en L.G. Gerstman, 'Nonverbal Descriptive Systems and Hemispheric Asymmetry: Shape Versus Texture Discrimination', in: *Brain and Language*, 1978, nr. 5, pp. 249 – 257.

Goldin-Meadow, S. en H. Feldman, 1977. 'The Development of Language-like Communication without a Language Model,' in: *Science* 197, 1977, pp. 401 – 403.

Grant, Brian (red.), *The Quiet Ear: Deafness in Literature*. Met een voorwoord van Margaret Drabble. Andre Deutsch, Londen 1987.

Gregory, Richard, *Concepts and Mechanism of Perception*. Duckworth, Londen 1974.

Groce, Nora Ellen, 1985. *Everyone Here Spoke Sign Language: Hereditary Deafness on Martha's Vineyard*. Harvard Univeristy Press, Cambridge (Mass.)/Londen 1985.

Head, Henry. *Aphasia and Kindred Disorders of Speech*. Cambridge University Press, Cambridge 1926.

Heffner, H.E., en R.S. Heffner. 'Cortical Deafness Cannot Account for "Sensory Aphasia" in Japanese Macaques', in: *Society for Neuroscience Abstracts*, 14, 1988, nr. 2, p. 1099.

Hewes, Gordon, 'Language in Early Hominids', in: *Language Origins*, red. W. Stokoe. Linstok Press, Silver Spring (Md.) 1974.

Hughlings-Jackson, John, 'Hughlings-Jackson on Aphasia and Kindred Affections of Speech, together with a complete bibliography of his publications on speech and a reprint of some of the more important papers', in: *Brain* XXXVIII, 1915, pp. 1– 190.

Hutchins, S., H. Poizner, M. McIntire, D. Newkirk en J. Zimmerman, 'A Computerized Written Form of Sign Languages as an Aid to Language Learning', in: *Proceedings of the Annual Congress of the Italian Computing Society* (AICA), Palermo, Italië, 1986, pp. 141 – 151.

Itard, J.M.G., *De l'Education d'un homme sauvage ou des premiers développements physiques et moraux du jeune sauvage de l'Aveyron*, Gouyon, Parijs 1801. Engelse vertaling: *The Wild Boy of Aveyron*, Century, New York 1932. Duitse vertaling: *Des Wilden von Aveyron*, Wenen 18??.

Jacobs, Leo M., *A Deaf Adult Speaks Out*. Gallaudet College Press, Washington DC 1974.

James, William, 'Thought Before Language: A Deaf-Mute's Recollections', in: *American Annals of the Deaf* 38, 1893, nr. 3, pp. 135 – 145.

Johnson, Robert E., Scott K. Liddell en Carol J. Erting, 'Unlocking the Curriculum: Principles for Achieving Acces in Deaf Education'. Gallaudet Research Institute Working Paper 89 – 3, 1989.

Kannapell, Barbara, 'Personal Awareness and Advocacy in the Deaf Community', in: *Sign Language and the Deaf Community*, red. C. Baker en R. Battison. National Association of the Deaf, Silver Spring (Md.) 1980.

Klima, Edward S. en Ursula Bellugi, *The Signs of Language*. Harvard University Press, Cambridge (Mass.) 1979.

Kosslyn, S.M., 'Seeing and Imagining in the Cerebral Hemisphere: A Computational Approach', in: *Psychological Review* 94, 1987, pp. 148 – 175.

Kuschel, R., 'The Silent Inventor: The Creation of a Sign Language by the Only Deaf-mute on a Polynesian island', in: *Sign Language Studies* 3, 1973, pp. 1 – 27.

Kyle, J.G., en B. Woll, *Sign Language: The Study of Deaf People and Their Language*. Cambridge University Press, Cambridge 1985.

Lane, Harlan, *The Wild Boy of Aveyron*. Harvard Universtity Press, Cambridge (Mass.) 1976.

Lane, Harlan, *When the Mind Hears: A History of the Deaf*. Random House, New York 1984a.

Lane, Harlan, (red.), *The Deaf Experience: Classics in Language and Education*, vert. Franklin Philip. Harvard University Press, Cambridge, (Mass.)/ Londen 1984b.

Lenneberg, Eric H., *Biological Foundations of Language*. John Wiley & Sons, New York 1967.

Lévy-Bruhl, Lucien, *Les fonctions mentales dans les sociétés inférieurs*, Parijs 1910. Eng. vert. *How Natives Think*, Washington Square Press, New York 1966.

Liddell, Scott K., Robert E. Jonhson 'American Sign Language Compound Formation Processes, Lexicalization, and Phonological Remnants', in: *Natural Language and Linguistic Theory* 4, 1986, pp. 445 – 513.

Liddell, Scott K., en Robert E. Johnson, *American Sign Language: The Phonological Basis*. Linstok Press, Silver Spring (Md.) 1989.

Luria, A.R., *Cognitive Development: Its Cultural and Social Foundations*. Harvard University Press, Cambridge (Mass.) 1976.

Luria, A.R., en F. Ia. Yudovich, *Speech and the Development of Mental Processes in the Child*. Staples Press, Londen 1968.

Mahler, M., F. Pine en A. Bergman, *The Psychological Birth of the Human Infant*. Basic Books, New York 1975.

Mann, Edward John, *The Deaf and the Dumb*. Hitchcock, z.p. 1836.

Miller, Jonathan, 'The Call of the Wild', in: *New York Review of Books*, 16 september 1976.

Myklebust, Helmer R., *The Psychology of Deafness*. Grune & Stratton, New York/Londen 1960.

Neisser, Arden, *The Other Side of Silence*. Alfred A. Knopf, New York 1983.

Neville, Helen J., 'Cerebral Organization for Spatial Attention', in: *Spatial Cognition: Brian Bases and Development*, red. J. Stiles-Davis, M. Kritchevsky en U. Bellugi. Hove, Hillsdale (NJ) 1988; Lawrence J. Erlbaum, Londen 1988.

Neville, Helen J., 'Neurobiology of Cognitive and Language Processing: Effects of Early Experience', in: *Brain Maturation and Behavorial Development*, red. K. Gibson en A.C. Petersen. Aldine Gruyter Press, Hawtorn (NY) 1989.

Neville, H.J., en U. Bellugi, 'Patterns of Cerebral Specialization in Congenitally Deaf Adults: A Preliminary Report', in: *Understanding Language Through Sign Language Research*, red. Patricia Siple. Academic Press, New York 1978.

Newkirk, Don, *SignFont Handbook*. Emerson & Stern Associates, San Diego 1987.
Padden, Carol, 'The Deaf Community and the Culture of Deaf People', in: *Sign Language and the Deaf Community*, red. C. Baker en R. Battison. National Association of the Deaf, Silver Spring (Md.) 1980.
Padden, Carol, en Tom Humphries, *Deaf in America: Voices from a Culture*. Harvard University Press, Cambridge (Mass.)/Londen 1988.
Petitto, Laura A., en Ursula Bellugi, 'Spatial Cognition and Brain Organization: Clues from the Acquisition of a Language in Space', in: *Spatial Cognition: Brain Bases and Development*, red. J. Stiles-Davis, M. Kritchevsky en U. Bellugi. Hove, Hillsdale (NJ) 1988; Lawrence J. Erlbaum, Londen 1988.
Poizner, Howard, Edward S. Klima en Ursula Bellugi, *What the Hands Reveal about the Brain*. MIT Press, Cambridge (Mass.)/Londen 1987.
Rapin, Isabelle, 'Effects of Early Blindness and Deafness on Cognition', in: *Congenital and Acquired Cognitive Disorders*, red. Robert Katzman. Raven Press, New York 1979.
Rapin, Isabelle, 'Helping Deaf Children Acquire Language: Lessons from the Past', in: *International Journal of Pediatric Otorhinolaryngology* 11, 1986, pp. 213 – 223.
Restak, Richard M., *The Mind*. Bantam Books, New York 1988..
Rymer, Russ, 'Signs of Fluency', in: *The Sciences*, september 1988, pp. 5 – 7.
Sacks, Oliver, *The man who mistook his wife for a hat*. Summit Books, New York 1985. Ned. vert. *De man die zijn vrouw voor een hoed hield*. Meulenhoff, Amsterdam 1988[4].
Schein, Jerome D., *Speaking the Language of Sign*. Doubleday, Garden City (NY) 1984.
Schlesinger, Hilde, 'Dialogue in Many Words: Adolescents and Adults – Hearing and Deaf', in: *Innovations in the Habilitation and Rehabilitation of Deaf Adolescents*, red. Glenn B. Anderson en Douglas Watson. Arkansas Research and Training Center, 1987.
Schlesinger, Hilde, 'Questions and Answers in the Development of Deaf Children', in: *Language Learning and Deafness*, red. Michael Strong. Cambridge University Press, Cambridge/New York 1988.
Schlesinger, Hilde S., en Kathryn P. Meadow, *Sound and Sign: Childhood Deafness and Mental Health*. University of California Press, Berkeley/Los Angeles/Londen 1972.
Shenghold, Leonard, *Halo in the Sky: Observations on Anality and Defense*. Guilford Press, New York 1988.
Stern, Daniel N., *The Interpersonal World of the Infant*. Basic Books, New York 1985.
Stokoe, William C., *Sign Language Structure*. Heruitgave, Linstok Press, Silver Spring (Md.) 1960.
Stokoe, William C., 'Motor Signs as the First Form of Language', in: *Language Origins*, red. W. Stokoe. Linstok Press, Silver Spring (Md.) 1974.
Stokoe, William C., 'Syntactic Dimensionality: Language in Four Dimen-

sions'. Voordracht, New York Academy of Sciences, november 1979.
Stokoe, William C., 'Afterword', in: *Sign Language and the Deaf Community*, red. C. Baker en R. Battison. National Association of the Deaf, Silver Spring (Md.) 1980.
Stokoe, William C., 'Sign Writing Systems', in: *Gallaudet Encyclopedia of Deaf People and Deafness*, dl. 3, red. John van Cleve. McGraw-Hill, New York 1987.
Stokoe, William C., Dorothy C. Casterline en Carl G. Croneberg, *A Dictionary of American Sign Language on Linguistic Principles*. Herziene uitgave, Linstok Press, Silver Spring (Md.) 1976.
Strong, Michael, 'A Bilingual Approach to the Education of Young Deaf Children: ASL and English', in: *Language Learning and Deafness*, red. M. Strong. Cambridge University Press, Cambridge/New York 1988.
Supalla, Samuel J., 'Manually Coded English: The Modality Question in Signed Language Development', in: *Theoretical Issues in Sign Language Research, vol. 2: Acquisition*, red. Patricia Siple. University of Chicago Press, Chicago 1989.
Supalla, Ted, en Elissa Newport, 'How Many Seats in a Chair?: The Derivation of Nouns and Verbs in American Sign Language', in: *Understanding Language through Sign Language Research*, red. Patricia Siple. Academic Press, New York 1978.
Tervoort, B. Th., *The Structural Analysis of Visual Language within a Group of Deaf Children*, proefschrift Universiteit van Amsterdam, 1953.
Tronick, E., T.B. Brazelton en H.M. Als, 'The Structure of Face-to-Face Interaction and its Developmental Function', in: *Sign Language Studies* 18, 1978, pp. 1 – 16.
Tylor, E.B., *Researches into the Early History of Mankind*. Murray, Londen 1874.
Van Cleve, John V. (red.), *Gallaudet Encyclopedia of Deaf People and Deafness*. McGraw-Hill, New York 1987.
Vygotsky, L.S., *Myslenië i Retsj*, 1934. Eng. vert. *Thought and Language*. Cambridge (Mass.)/New York 1962.
Walker, Lou Ann, *A Loss for Words: The Story of Deafness in a Family*. Harper & Row, New York 1986.
Washabaugh, William, *Five Fingers for Survival*. Karoma, Ann Arbor 1986.
Whorf, Benjamin Lee, *Language, Thought, and Reality*. Technology Press, Cambridge 1956.
Winefield, Richard, *Never the Twain Shall Meet: Bell, Gallaudet and the Communications Debate*. Gallaudet University Press, Washington (DC) 1987.
Winnicott, D.W., *The Maturational Process and the Facilitating Environment*. International Universities Press, New York 1965.
Wittgenstein, Ludwig, *Philosophische Untersuchungen*, 1e afzonderlijke uitgave: Suhrkamp Verlag, Frankfurt a. M. 1971. Ned. vert. *Filosofische Onderzoekingen*. Boom, Meppel 1976.
Wood, David, Heather Wood, Amanda Griffiths en Ian Howarth, *Teaching and Talking with Deaf Children*. John Wiley & Sons, Chichester/New York 1986.

Woodward, James, 'Historical Bases of American Sign Language', in: *Understanding Language Through Sign Language Research*, red. Patricia Siple. Academic Press, New York 1978.
Woodward, James, *How You Gonna Get to Heaven if You Can't Talk with Jesus: On Depathologizing Deafness*. T.J. Publishers, Silver Spring (Md.) 1982.
Wright, David, *Deafness*. Stein and Day, New York 1969.
Zaidel, E., 'Lexical Organization in the Right Hemisphere', in: *Cerebral Correlates of Conscious Experience*, red. P. Buser en A. Rougeul-Buser. Elsevier, Amsterdam 1981.

Beknopte bibliografie

GESCHIEDENIS VAN DE DOVEN

De meest volledige geschiedenis van de doven, vanaf hun bevrijding halverwege de achttiende eeuw tot aan de (catastrofale) conferentie van Milaan in 1880, biedt Harlan Lane, *When the Mind Hears: A History of the Deaf.*

Fragmenten uit autobiografieën van de eerste ontwikkelde doven en hun leraren uit die periode zijn opgenomen in Harlan Lane (red.), *The Deaf Experience: Classics in Language and Education*, vertaald door Franklin Philip.

Een prettig leesbare, informele geschiedenis van de doven, vol persoonlijke portretteringen en boeiende illustraties, is Jack R. Gannon, *Deaf Heritage: A Narrative History of Deaf America.*

Edward Gallaudet zelf heeft een half-autobiografische geschiedenis van Gallaudet College geschreven: *History of the College for the Deaf, 1857 – 1907.*

Een buitengewoon uitgebreid en informatief artikel, getiteld 'Deaf and Dumb', is opgenomen in de elfde ('geleerde') editie van de *Encyclopedia Britannica.*

DOVENEILANDEN

Een buitengewoon sprankelende en geïnspireerde geschiedenis van de unieke dovengemeenschap van Martha's Vineyard is te lezen in Nora Ellen Groce, *Everybody Here Spoke Sign Language: Hereditary Deafness on Martha's Vineyard.*

BIOGRAFIEËN EN AUTOBIOGRAFIEËN

Deafness van David Wright is het mooiste boek dat ik ken over op latere leeftijd opgelopen doofheid.

Een recenter boek, van Lou Ann Walker, *A Loss for Words: The Story of Deafness in a Family*, geeft een duidelijk beeld van het leven van een horend kind van dove ouders.

The Quiet Ear: Deafness in Literature, samengesteld door Brian Grant, met een voorwoord van Margaret Drabble, is een uiterst leesbare en gevarieerde bloemlezing van korte stukjes door en voor doven.

DE GEMEENSCHAP EN TAAL DER DOVEN

Demografische artikelen zijn altijd saai, maar Jerome Schein kán gewoon niet saai zijn. *The Deaf Population of the United States* door Jerome D. Schein en Marcus T. Delk Jr. geeft een goede dwarsdoorsnede van de Amerikaanse dovenwereld van vijftien jaar geleden, toen de grote veranderingen op het punt stonden te beginnen. Ook aanbevolen is Jerome D. Schein, *Speaking the Language of Sign: The Art and Science of Signing*.

Er zijn interessante verschillen en overeenkomsten tussen de situatie en de taal van de doven in Amerika en Engeland. Een goed beeld wordt gegeven door J.G. Kyle en B. Woll in *Sign Language: The Study of Deaf People and Their Language*.

Een schitterende beschrijving van de wereld der doven is *Sign Language and the Deaf Community: Essays in Honor of William C. Stokoe*, onder redactie van Charlotte Baker en Robbin Battison. De artikelen in dit boek zijn allemaal zonder uitzondering fascinerend – en er staat ook een belangrijke en ontroerende terugblik van Stokoe zelf in.

Een buitengewoon boek – te meer daar de schrijvers zelf doof zijn en dus de dovenwereld van binnenuit kunnen beschrijven: haar organisatie, haar aspiraties, haar voorbeelden, haar overtuigingen, haar kunst, haar taal enzovoort – is *Deaf in America: Voices from a Culture* van Carol Padden en Tom Humphries.

Eveneens zeer toegankelijk voor de leek en vol levendige interviews met leden van de dovenwereld is Arden Neisser, *The Other Side of Silence: Sign Language and the Deaf Community in America*.

Een ware schat om door te bladeren (ook al zijn de delen net iets te zwaar om in bed en net iets te duur om in bad te lezen) is de *Gallaudet Encyclopedia of Deaf People and Deafness* onder redactie van John Van Cleve. Het heerlijke van deze encyclopedie (zoals van alle goede encyclopedieën) is dat je waar je hem ook openslaat iets leerzaams en onderhoudends tegenkomt.

ONTWIKKELING VAN HET KIND EN ONDERWIJS AAN DOVEN

In de boeken van Jerome Bruner valt te lezen hoe een revolutionaire psychologie op haar beurt het onderwijs radicaal kan veranderen. Vooral vermeldenswaard in dit verband zijn zijn boeken *Towards a Theory of Instruction* en *Child's Talk: Learning to Use Language*.

Een belangrijke 'Bruneriaanse' studie van de ontwikkeling en scholing van dove kinderen is David Wood, Heather Wood, Amanda Griffiths en Ian Howarth, *Teaching and Talking with Deaf Children*.

Het recente werk van Hilde Schlesinger is alleen in de vakliteratuur verschenen en die is niet altijd gemakkelijk verkrijgbaar. Haar eerdere boek is echter zowel leesbaar als toegankelijk: Hilde S. Schlesinger en Kathryn P. Meadow, *Sound and Sign: Childhood Deafness and Mental Health*.

Een indringende combinatie van psychoanalyse en observatie wordt geboden door Dorothy Burlingham, *Psychoanalytic Studies of the Sighted and the Blind*; je zou willen dat er ook zo'n studie gemaakt werd van dove kinderen.

Daniel Stern verenigt eveneens directe observatie met analytische constructie in *The Interpersonal World of the Infant*. Stern heeft vooral interessante dingen te zeggen over de ontwikkeling van een 'verbaal zelf'.

GRAMMATICA, LINGUÏSTIEK EN GEBARENTAAL

Het linguïstisch genie van onze tijd, Noam Chomsky, heeft na zijn revolutionaire werk *Syntactic Structures* (1957) nog meer dan tien boeken over taal geschreven. Zeer animerend en leesbaar vind ik zijn Beckman Lezingen uit 1967, verzameld onder de titel *Language and Mind* (Nederlandse vertaling: *Taal en Mens*, Van Loghum Slaterus, Deventer 1970).

De belangrijkste persoon in het gebarentaalonderzoek na 1970 is Ursula Bellugi. Geen van haar geschriften is wat je noemt gemakkelijke lectuur, maar het encyclopedische *The Signs of Language*, door Edward S. Klima en Ursula Bellugi, opent fascinerende vergezichten en is bij vlagen heel leesbaar. Bellugi en haar collega's zijn ook de belangrijkste onderzoekers geweest van de neurale basis van gebarentaal; fascinerende aspecten van dit onderwerp kunnen worden opgevangen in Howard Poizner, Edward S. Klima en Ursula Bellugi, *What the Hands Reveal about the Brain*.

ALGEMENE BOEKEN OVER TAAL

Zeer leesbaar, geestig en provocerend is Roger Brown, *Words and Things*.

Eveneens leesbaar, groots, hoewel soms te dogmatisch, is Eric H. Lenneberg, *Biological Foundations of Language*.

De meest diepgaande en mooiste exploraties zijn te vinden in L.S. Vygotsky, *Mysjlenië i Retsj*, in 1934 voor het eerst postuum in het Russisch gepubliceerd en later onder de titel *Thought and Language* in het Engels vertaald door Eugenia Hanfmann en Gertrude Vakar. Vygotsky is wel – niet ten onrechte – 'de Mozart van de psychologie' genoemd.

Een persoonlijke favoriet van mij is Joseph Church, *Language and the Discovery of Reality: A Developmental Psychology of Cognition*, een boek waarnaar je steeds weer teruggrijpt.

Hoewel hij misschien is achterhaald (of niet), is er veel belangwekkends te vinden in de werken van Lucien Lévy-Bruhl, met zijn voortdurende reflecties over 'primitieve' taal en denken: zijn eerste boek, *Les fonctions mentales dans les sociétés inférieurs* (1910), geeft een goede indruk van zijn ideeën.

Clifford Geertz, *The Interpretation of Cultures*, moet je bij de hand hebben zodra je over 'cultuur' nadenkt – en het is een noodzakelijk tegengif tegen primitieve, romantische ideeën over de pure en onbedorven, ongecultiveerde menselijke natuur.

Maar ook Rousseau moet je lezen – herlezen – in het licht van de doven en hun taal. Ik vind *Discours sur l'origine et les fondements de l'inégalité parmi les hommes* zijn rijkste, evenwichtigste werk.

WILDE EN GEÏSOLEERDE MENSELIJKE WEZENS

Een unieke blik op hoe mensen worden als ze van hun normale taal- en cultuurverwerving zijn afgesloten, wordt vergund door waarnemingen van deze zeldzame en schrikaanjagende, maar zeer belangrijke personen (die elk afzonderlijk, zoals Lord Monboddo opmerkte, belangrijker zijn dan de ontdekking van 30.000 sterren). Het is dus geen toeval dat het eerste boek van Harlan Lane ging over *The Wild Boy of Aveyron.*

Anselm von Feuerbach, *Kaspar Hauser, Beispiel eines Verbrechens am Seelen des Menschen* is een van de verrassendste psychologische documenten uit de negentiende eeuw.

Het is opnieuw geen toeval dat Werner Herzog niet alleen een zeer indringende film over Kaspar Hauser schreef en regisseerde, maar er ook een maakte over doven en blinden: *Land of Darkness and Silence.*

De diepgaandste reflecties over de 'zielemoord' op Kaspar Hauser zijn te vinden in een briljant psychoanalytisch essay van Leonard Shenghold in *Halo in the Sky: Observations on Anality and Defense.*

Ten slotte dient vermeld te worden de uiterst gedetailleerde studie die Susan Curtiss maakte van een 'wolvekind' dat in 1970 in Californië werd gevonden: *Genie: A Psycholinguistic Study of a Modern-Day 'Wild Child'.*

Verklarende woordenlijst

afasie – verlies van taalvermogen ten gevolge van een hersenletsel.
anosmie – verlies van reukzin.
cognitie – kenvermogen; het mentale proces waarbij aan de hand van zintuiglijke indrukken ideeën worden gevormd over de wereld.
conceptueel – betrekking hebbend op *conceptie* of *concepten*, dat wil zeggen *begripsvorming* of (complexen van) *begrippen*.
congenitaal – aangeboren.
dichotomie – tweedeling.
echolalie – ziekelijk napraten van door anderen uitgesproken woorden en zinnen.
epigenese – latere ontwikkeling van een in eerste aanleg onvolgroeid wezen.
fylogenese – ontwikkeling van groepen organismen (soorten, families, stammen) uit lagere levensvormen. Zie ook **ontogenese**.
hemisfeerdominantie – het verschijnsel – voornamelijk optredend bij de mens – dat een van de hersenhelften voor een of meer functies overheersend is. Zie ook (**cerebrale**) **lateralisatie**.
iconisch – (uit)beeldend van aard.
ideofoon – woord dat door zijn klank een bepaalde zaak of een bepaald begrip uitbeeldt.
kinesthesie – de waarneming van de eigen lichaamsbeweging en -houding.
lateralisatie (cerebrale) – het verschijnsel – voornamelijk optredend bij de mens – dat de twee hersenhelften in de loop van de ontwikkeling van het individu gescheiden functies gaan vervullen. Zie ook **hemisfeerdominantie**.
linguïstiek/linguïstisch – taalkunde/taalkundig.
mimetisch – nabootsend door middel van gebaren en gelaatsuitdrukkingen; betrekking hebbend op *mime*.
occipitaalkwab – hersenkwab in het achterhoofd (achterhoofdskwab).
onomatopee – door klanknabootsing gevormd woord (bijvoorbeeld *koekoek*).
ontogenese – de ontwikkeling van een organisme van de bevruchte eicel tot de volwassen toestand. Zie ook **fylogenese**.
pariëtaal – betrekking hebbend op de wand van een orgaan of lichaamsdeel; **pariëtaalkwab** (hersenen) = *wandbeenkwab*.
perceptie – waarneming.
perceptueel – betrekking hebbend op **perceptie**.
postlinguaal – na de eerste-taalverwerving.
prelinguaal – vóór de eerste-taalverwerving.
sequentieel – opeenvolgend.
tactiel – betrekking hebbend op de tastzin.
topicalisatie – het naar voren halen in de zin van het onderwerp van gesprek (*Sla, daar houd ik van!*).

Register